가벼운 나로 살고 싶은
당신에게

감정·관계·존재를 리셋하는 심리학 안내서

가벼운 나로 살고 싶은 당신에게

시몬 김 지음

Recommendation

나를 가볍게 만드는 심리학

 살다 보면 마음이 무겁게 내려앉는 순간들이 있습니다. 잘 지내는 것 같은데도 왠지 모르게 지치고, 사람들과 함께 있어도 외로운 순간들이 있지요. 그럴 때 우리는 '조금만 더 가벼워질 수 있다면 얼마나 좋을까'라는 바람을 품곤 합니다. 바로 이 책, 《가벼운 나로 살고 싶은 당신에게》는 그런 우리에게 건네는 따뜻한 초대장입니다.
 사실 심리학은 언제나 인간의 마음을 가볍게 하려는 학문이었습니다. 그러나 오늘날 한국 사회에서 심리학은 때로는 너무 학문적이고, 때로는 너무 병리적이고 처방적이어서 정작 일상의 삶을 살아가는 평범한 사람들의 가슴에 닿지 못할 때가 많았던 것 같습니다. 이 책은 그 간극을 따뜻하게 메워주는 드문 책이라고 확신합니다.

저자 시몬 김 교수는 부모님을 따라 미국으로 이주한 1.5세대 교포로, 미국과 한국 두 문화 사이를 오가며 살아왔습니다. 한국과 미국이라는 서로 다른 땅에서 공부하고 가르치며, 상담실에서 수많은 내담자들의 마음의 이야기를 경청하면서 터득한 지혜가 이 책 안에 고스란히 담겨 있습니다. 그저 대학 캠퍼스에서 강의한 학문적인 이론만이 아니라, 가슴을 울리는 생생한 이야기와 자신의 체험을 통해 우리에게 말을 걸어옵니다.

책 속의 주인공들은 우리 주변 어디서나 만날 수 있는 사람들입니다. 회사에서 성공했지만 마음속 공허함에 시달리던 CEO 제임스, 대학에 입학했지만 어머니와의 관계에서 갈등하던 수아, 그리고 스스로를 상처 내며 살아가던 올리비아. 이들의 이야기는 결코 남의 이야기가 아닙니다. 우리 안에도, 혹은 우리 가까운 누군가 안에도 숨어 있는 이야기들입니다. 저자는 그 삶의 무게를 외면하지 않고, 어떻게 내려놓고 다시 일어설 수 있는지를 보여줍니다.

이 책이 특별한 이유는 '혼자서 행복한 사람이 함께도 행복하다'는 단순한 진리를 아주 설득력 있게 풀어낸다는 점입니다. 나 자신이 무거운데 어떻게 다른 사람과 건강한 관계를 맺을 수 있을까요? 저자는 스스로를 가볍게 만드는 길을 안내합니다. 혼자 있을 때도 웃을 수 있는 사람이 결국 다른 이와도 진심으로 웃을 수 있다는 것이지요.

책을 읽다 보면 어느새 마음이 따뜻해지고, 나 자신을 조금 더 사랑하게 됩니다. 저자는 어려운 심리학 용어 대신, 일상의 소소한 이야기로 설명합니다. 때로는 만두와 케사디아를 먹으며 "나는 누구인가?"를 묻고, 때로는 공항에서 놓칠 뻔한 비행기를 통해 "흘러가는 삶을 받아들이라"고 이야기합니다. 덕분에 우리는 심리학 교양도서를 읽는 것이 아니라, 삶을 사랑하는 한 친구와 대화하는 기분을 느끼게 됩니다.

무엇보다 이 책은 누구나 읽을 수 있습니다. 청년들에게는 스스로를 돌아볼 용기를, 중년에게는 얽힌 관계의 매듭을 풀 지혜를, 노년에게는 여전히 변화할 수 있다는 희망을 선물합니다. 30년 넘게 상담과 코칭을 가르치고 연구해 온 추천인도 예외가 아니었습니다. 학생, 직장인, 부모 그리고 인생의 길목에서 잠시 쉬어가는 모든 이들에게 이 책은 새로운 숨을 불어넣어 줄 것입니다.

책장을 덮고 나면 이런 생각이 들 것입니다. "그래, 행복은 결코 멀리 있지 않구나. 나를 조금만 내려놓으면, 내 삶도 한결 가벼워질 수 있겠구나." 저자가 강조하듯, 내려놓음과 비움 속에서 행복은 불쑥 우리 앞에 얼굴을 드러냅니다. 그저 체중만 가볍게 하려는 이들이 수없이 많은 세상 가운데 왜 불행을 느끼는 사람들이 이리도 많은지 그 해답을 보여주는 책이라고 여겨집니다.

마지막으로 저는 이 책을 겉으로는 보이지 않지만, 무거운 마음의 짐을 짊어지고 사는 분들이 반드시 읽어 보시기를 권합니다. 주변을 둘러보면 삶의 무게가 무거워 자신의 춤을 출 수 없는 분이 참으로 많습니다. 남의 춤을 따라 추면서 힘들어하는 분들, 스텝만 생각하다가 단 한 번도 자신의 춤을 못 추신 분들, 그저 막춤만 추다가 지쳐버린 분들, 그런 분들에게 저자는 따뜻하게 자신의 손을 내밉니다. "Shall we dance?"

이 책은 무거운 일상 속에서 우리를 다시 숨 쉬게 하고, 혼자서도, 또 함께도 행복할 수 있다는 용기를 주는 책입니다. "혼자 행복한 사람이 함께도 행복하다." 이 단순한 진리를 꼭 시몬 김 교수의 《가벼운 나로 살고 싶은 당신에게》를 통해 깨달아 가시길 강력하게 추천합니다.

권수영
연세대학교 연합신학대학원 상담코칭학 교수, (사)한국상담진흥협회 이사장

Prologue

혼자 또 함께
행복한 미래를 위하여

이 책은 제가 상담실과 교수 연구실에서 마주한 사람들의 삶과 마음에서 시작되었습니다.

아이돌 데뷔를 앞둔 여학생 라희(가명)가 어느 날 몸도 제대로 가누지 못할 정도로 지쳐서 저를 찾아왔습니다.

"교수님, 배고파 죽겠어요. 저 좀 살려주세요! 연습실 문 앞에서 몸무게를 재는데 기준치를 넘으면 그날 연습은 아웃이에요."

라희는 이렇게 살을 빼야 하는 이유를 말하며 저에게 힘든 상황을 토로합니다. 그런데 라희는 단순히 살과 전쟁을 하고 있던 걸까요? 아니면 아이돌로서 성공해야 한다는 부담감인 마음의 무게와 싸우고 있던 걸까요?

또 다른 내담자 미경(가명)은 남편의 도박과 외도로 심한 정신적 스트레스에 시달리고 있었습니다. 세 명의 성인 자녀까지 독립할 생각은 없고 엄마 미경의 옷자락만 붙잡고 있었습니다. 그녀는 자식까지 삶의 짐으로 모두 떠안아 버렸습니다. 미경은 어떻게 해야 할까요?

라희는 육체뿐만 아니라 마음까지도 가벼워지기를, 미경 또한 자신을 침범해 들어오는 마음의 짐을 내려놓고 홀가분해지기를 간절히 원했습니다. 여러분이 지금 이 책을 손에 든 이유도 아마 같을 것입니다.

제가 현장에서 만난 사람들은 연령, 성별, 직업, 환경이 달라도 라희와 미경처럼 삶의 무게와 피로, 압박 속에서 공통된 소망을 가지고 있었습니다.

'마음의 짐을 내려놓고 가벼운 삶으로 다시 시작하고 싶다.'

바로 이 소망이 저를 움직였고 저의 지식과 경험과 마음을 책으로 옮겨 적게 했습니다.

저는 지난 30년간 한국과 미국의 대학, 초등학교, 상담 센터, 정신병원, 대학병원 등 다양한 현장에서 사람들을 만나며 그들이 삶의 무게를 감당해 내는 모습을 지켜보았습니다. 그 과정에서 제가 발견한 삶의 행복 매뉴얼은 크게 두 가지입니다.

첫째, 혼자 행복한 사람이 함께도 행복하다.

둘째, 행복하려면 먼저 마음이 가벼워야 한다.

이 책은 이 두 가지 테마가 녹아든 실제 상담과 개인적인 삶의 경험입니다. 여러 세대를 아우르며, 제가 만난 사람들 속에서 느낀 감정과 고민, 그리고 그것을 헤쳐 나가는 방법을 솔직하게 담았습니다. 또한 그 속에서 우리의 실제 삶과 접목된 심리학은 가장 가까운 곳에서 나의 일상과 인간관계를 이해하게 하고 마음을 가볍게 밝혀줄 것이라 확신합니다.

공부하고 직장 구하느라 지치고 잠 못 이루는 청년, 첫아기를 키우며 가족의 행복을 위해 투 잡·쓰리 잡을 뛰는 젊은 부부, 까다로운 십대 자녀와 직장 상사의 눈치 속에서 하루를 보내는 중년의 부모, 인생 2막을 설렘 반 두려움 반으로 맞이하는 은퇴를 앞둔 분 그리고 편견 속에서도 나름 최선을 다해 일상을 살고 있는 다문화가정까지. 우리는 누구나 각자의 삶에서 크고 작은 무게를 짊어지고 있습니다.

제가 만약 지금 그분들 곁에 있다면 모두 함께 가벼운 산책을 떠나고 싶습니다. 손을 잡고 앞뒤로 정겹게 흔들고 걸으며 이렇게 얘기할 것 같습니다.

"그동안 정말 수고 많으셨습니다. 그 수고가 절대로 헛되지 않을 겁니다. 행복한 미래를 위해 고군분투하느라 심신이 피곤하겠지만 '화이팅' 하십시오. 계속해서 소중한 삶을 위해 묵직한 희망의 한 걸음을 내디뎌 주시기를 진심으로 부탁드립니다."

삶의 짐을 덜어낸다는 건 단순히 마음을 비우고 가볍게 살라는 말이 아닙니다. 현실 속에서 느끼는 두려움, 책임, 불안, 관계의 부담을 직시하면서도 조금씩 자신의 삶을 다시 설정해 나가는 과정입니다. 이 책은 그런 과정을 실제 경험과 심리학에 연결하여 여러분이 스스로 자신의 삶을 재설계할 수 있도록 안내합니다.

독자 여러분이 이 책을 읽는 동안 우리의 감정과 관계, 존재를 리셋하고 새롭게 경험하시길 바랍니다. 가벼워진 내가 타인과 어울리며 조화롭고 아름다운 삶을 살아가는 모습을 상상해 보시길 바랍니다.

오늘은 언제나 새로운 시작입니다!

저는 이제 독자 여러분을 설레는 삶의 무대로 초대합니다. 저의 손을 잡고 함께 춤을 추시겠습니까? Shall we dance?

시몬 김 *Simone S. Kim*

contents

Recommendation   나를 가볍게 만드는 심리학 • 004
Prologue   혼자 또 함께 행복한 미래를 위하여 • 008

PART 1. 새로운 마음으로 살아갈 용기
삶의 무게를 덜고 일상을 새로 여는 돌봄의 심리학

session 1   야동 중독에 갇힌 사랑받고 싶은 나: 인지행동치료 • 017
session 2   불면의 밤을 별이 빛나는 밤으로: 역설적 의도 • 026
session 3   인생에 정답은 없어도 내 갈 길을 가야 한다: 인본주의 심리학 • 034
session 4   시간이 해결해 주는 것 맞아요: 회복탄력성 • 042
session 5   우회로에 숨겨진 행복한 반전: 마인드셋 • 050
session 6   비밀은 없다는 사실에 숨겨진 비밀: 확증 편향 • 060
session 7   불안과의 조화로운 동거: 타나토스 • 067
session 8   다른 사람들이 이겨도 내가 즐거운 이유: 열등감 콤플렉스 • 078
session 9   성실함과 꾸준함에 날개가 달릴 때: grit • 086
session 10   일상의 소중함을 만끽하는 자들의 이득: 사회교환이론 • 095

PART 2. 서로를 다시 이어보는 믿음

지친 관계를 재설계하는 회복의 심리학

session 11 타인의 감정을 인정하기가 왜 이리 힘들까: 이성적 공감 • 107
session 12 가까이할수록 멀어지는 당신: 사회적 거리 • 114
session 13 우리와 나 사이의 줄다리기: 밴드왜건 효과 • 122
session 14 좋은 것일수록 적당하고 과하지 않게: 충분히 좋은 엄마 • 131
session 15 애착 관계를 벗어나면 열리는 문: 건강한 경계 • 139
session 16 뼛속까지 이기적인 우리를 서로 보듬어 안기: 나르시시즘 • 146
session 17 사랑한다면 융통성이 필수다: 자기 신뢰 • 157
session 18 사람은 다 똑같음을 인정한다면: 삼위일체적 인간 • 166
session 19 모두가 옳음을 인정할 때 열리는 마음과 귀: 이야기 이론 • 173
session 20 나를 버리면 인간관계가 업그레이드된다 : '넘어가기'와 '돌아오기' • 182

PART 3. 나를 들여다볼 결심

나를 새롭게 시작하는 치유의 심리학

session 21 가면 속에 감춰진 나: 자기 초기화 • 195
session 22 사는 것이 허무하게 느껴질 때: 실존적 공허 • 204
session 23 그래도 삶의 의미는 찾아진다: 의미 치료 • 213
session 24 혼자서도 잘 놀 수 있는 용기: 고독한 군중 • 221
session 25 나를 비운 뒤 건져 올린 진짜 나: 자기 분리 • 230
session 26 성식한 약점의 화려한 부활: 성격 유형 • 237
session 27 사각지대 직면하기: 인지 부조화 • 246
session 28 순진한 웃음 살려내기 프로젝트: 자기보존 • 254
session 29 나 없는 세상 vs 세상에 없는 나: 자기 객관화 • 262
session 30 물 흐르듯이 흘러가는 것의 품격: 변화하고 흐르는 진짜 나 • 270

참고 문헌 • 278

For you who wants to live a brighter life

PART 1

새로운 마음으로 살아갈 용기

삶의 무게를 덜고 일상을 새로 여는 돌봄의 심리학

session 1

야동 중독에 갇힌
사랑받고 싶은 나

인지행동치료

나에게 상담이 꼭 필요하다고 찾아온 여학생 서연(가명)이는 쉽게 말문을 열지 못하고 있었다. 씩씩하고 똑똑한 그녀답지 않게 내 얼굴만 빤히 쳐다본 채 자꾸 머뭇거렸다.

"어떻게 말씀을 드려야 할지… 교수님… 그게요… 아무래도 저 스스로의 힘으로는 해결을 못 할 것 같아서요. 교수님의 도움이 정말 필요해요. 그게… 그러니까… 중독인 것 같아요."

내가 아는 서연이와 중독이라는 단어는 정말 어울리지 않았다. 세상 부러울 것 없는 서연이가 도대체 왜 어떤 중독에 빠졌다는 것인가? 그런데 서연이의 그다음 말이 나를 더 놀라게 했다.

"야동 중독이요. 하루라도 야동을 보지 않으면 못 살 것 같아요. 공부할 때도 밥 먹을 때도 운동할 때도 길을 걸어갈 때도… 야동이 계속 눈앞에 아른거려요."

미국과 한국에서 야동에 중독된 사람을 여럿 상담했었다. 그러나 이번 경우는 여러 가지 면에서 좀 특이했다. 여성 야동 중독자를 상담한 것은 처음이었다. 내담자는 내가 잘 아는 여학생이었다.

서연이가 처음 나에게 상담 신청을 했을 때도 솔직히 나는 좀 의아했다. 적어도 내가 보기에는 그녀의 삶이 거의 완벽에 가까웠기 때문이다. 서연이는 공부만 잘하는 것이 아니고 성격도 활달하고 리더십도 있어서 주위에 친구들도 많았다. 서연이라는 참신한 여대생과 야동이라는 테마는 별로 어울리지 않는 고민이라는 의미에서 나는 놀라움을 금치 못했다.

서연이는 야동에 완전히 중독되어 있었다. 혼자 힘으로는 야동을 도저히 끊을 수가 없어서 도움을 요청하게 된 것이라고 했다. 서연이가 하루에 야동을 보는 시간이 생각보다 길었다. 틈만 나면 야동을 즐겼다. 그 와중에 공부도 열심히 해서 성적은 항상 상위권이었다.

나는 정말 궁금했다. 어쩌다 서연이가 그렇게 야동에 마음을 완전히 빼앗기게 된 것일까? 무엇이 서연이를 야동을 봐야 하는 상황으로 몰아넣은 것인가?

나는 무엇보다 먼저 서연이가 내게 상담받을 결심을 한 용기와 결단력을 칭찬했다. 그녀는 자기 문제의 심각성을 그 누구보다도 잘 알고 있었고 스스로에게 도움이 절실함을 깊이 인지하고 있었다. 매사에 모범생이었던 서연이가 선택한 문제 해결 방법인 심리 상담 또한 그녀다운 모범적 해법이었다.

서연이는 교육 계통에서 일하는 부모님을 따라 여동생과 함께 자주 이사를 다녔다. 부모님이 일에 온통 정신을 쏟는 동안 어릴 때부터 서연이는 하나뿐인 여동생을 보살피고 챙기며 보호자 역할을 감당했다.

그러나 정작 부모님은 막내인 동생에게만 신경을 쓰고 관심을 보였다. 부모님의 우선순위에서 서연이는 자꾸 뒤로 밀렸다. 동생은 해외 유학 등 자기가 원하는 것을 척척 했던 반면, 서연이는 그렇게 하지 못했다. 가정 형편상 두 딸을 모두 유학 보낼 상황은 아니었고 큰 딸인 서연이가 포기하는 것이 당연하게 여겨졌다.

자의 반 타의 반으로 서연이는 가족을 위해 희생하는 것에 익숙해져 갔다. 그녀는 맏딸로서의 책임과 의무를 잘 이행했고 부모님도 그런 의젓한 서연이를 많이 믿고 의지했다. 늘 우등생이었고 리더의 자리를 지켜온 맏딸 서연이는 부모님의 자랑이고 자존심이었다. 시간이 지남에 따라 가족을 위한 서연이의 헌신과 희생은 마치 자연스러운 것인 양 받아들여졌다. 서연이의 부모님은 믿음직스럽게 혼자서 모든 일을 잘 해결해 나가는 맏딸 서연이를 거의 방치하다시피 했다.

그렇게 20년을 살아온 서연이는 대학생이 되면서 처음으로 부모님 곁을 떠났다. 학교 기숙사에서 생활하기 시작했고 가족의 영향권을 벗어났다. 그제야 비로소 서연이는 제삼자의 객관적인 눈으로 자신의 삶을 돌아볼 수 있었다. 착하고 듬직한 맏딸 역할을 하느라 그동안 억눌러 왔던 자신의 진짜 모습을 들여다보면서 자신을 위한 모험의 첫걸음을 떼기 시작했다. 자기성찰(self-reflection)을 통해 서연이의 삶은 서서히 변해갔다. 그동안 가족과 타인을 위해 살아온 자신의 희생과 배려에 대한 연민이 몰려오기 시작한 것이다.

왜 나는 그동안 내가 원하는 삶을 살지 못했을까? 내가 진짜 원하는 것은 무엇인가? 이제는 내가 결정권을 가지고 내 삶을 살아야겠다는 야무진 결심을 하기에 이르렀다. 마치 봇물이 터진 것처럼 서연이는 그동안 빼앗겼던 삶의 기쁨과 보상을 찾아 누리기 시작했다. 그때 급하게 발견하고 손에 쥔 자신을 위한 즐거움이 야동이었다. 서연이는 왜 야동이라는 극단적이며 과격하고 은밀한 보상을 선택한 것일까? 서연이와 상담을 진행하면서 서연이의 야동 중독 문제 안에 숨어 있는 어쩌면 유의미하고 긍정적이라면 긍정적인 일말의 요소들을 발견하기 시작했다.

예상대로 서연이는 강하고 튼튼한 멘털의 소유자였다. 지금은 비록 야동 중독이라는, 어찌 보면 심각한 문제를 안고 있지만 적어도 나에게는 그녀가 스스로의 힘으로 야동 중독에서 벗어날 수 있는 충분한 기초 체력을 가지고 있는 것으로 보였다. 그녀는 야동을 끊어야 하는 이유를 정확히 알고 있었고 또 끊고자 하는 의지도 강했다. 그런데 서연이는 왜 야동 중독에서 헤어나지 못하고 상담 심리 전문가이자 교수인 나를 찾아왔을까? 바로 그 질문이 나로 하여금 서연이의 정신세계 안으로 깊숙이 들어가 청진기를 대고 귀 기울이게 했다.

　게임 중독, 인터넷 중독, 알코올 중독, 도박 중독, 쇼핑 중독 등 어떤 중독이든 중독은 혼자 힘으로 이겨 내기가 힘들다. 그래서 전문적인 중독 치료 전문가의 도움을 받기도 한다. 그러나 서연이의 경우는 좀 달랐다. 서연이의 말에 의하면 야동 중독은 자신을 방치한 부모님에 대한 반항과 복수인 동시에 부모님의 관심을 끌 수 있는 최후의 수단이었다. 야동은 부모님이 생각하는 자랑스러운 맏딸 서연이의 스펙트럼과 가장 먼 행동임에 틀림없었다. 어쩌면 충분히 통제할 수 있음에도 불구하고 서연이는 일부러 자신을 계속 야동에 빠져 있게 내버려둔 것 같았다.

　그녀는 자라오면서 부모님께 받지 못했던 관심과 사랑과 지지를 줄 수 있는 상담자로 나를 선택했다. 멀리 계신 부모님의 대리인으로 우선 내가 뽑힌 것이다. 나와 한 팀이 되어 손에 손 잡고 자신의 최대 고민을 함께 극복함으로써 서연이는 비로소 그동안 부모님으로부터 느끼지 못했던 애착에 대해 보상받고 싶어 했다. 서연이가 정말 원했던 것은 결국 야동이 주는 즐거움이 아닌 부모님의 관심과 사랑이었다.

서연이의 야동 중독 해결을 위해 인지행동치료(CBT, cognitive behavioral therapy)를 적용하기로 했다. 인지행동치료는 부정적이고 왜곡된 생각과 행동 패턴을 바꿈으로써 당면한 문제를 해결하고 더 나은 정신건강 상태를 추구하는 해결 중심적 치료법이다. 야동 중독을 완화하기 위해서 나와 서연이는 구체적인 방안과 그것에 따른 행동 계획을 짰다.

예를 들자면, 일주일 동안 하루에 다섯 시간 보던 야동을 세 시간으로 줄이고 주말에는 야동을 아예 끊는 숙제를 내주었다. 그것을 위해서 서연이는 주말에는 핸드폰을 학교 사물함에 넣어 두기로 했다. 그렇게 서서히 야동 보는 시간을 줄여갔고 매주 상담할 때마다 숙제 검사를 철저히 했다. 모범생답게 서연이는 숙제를 잘해 왔고 짧은 시간에 야동 중독이 많이 완화되었다.

서연이의 야동 중독에서 가장 큰 이슈는 어릴 때 받지 못한 부모님의 사랑과 관심에 대한 지속적인 갈구였다. 야동은 채워지지 않은 부모님의 애정에 대한 보상으로, 또한 부모님의 관심을 자극할 하나의 수단으로 사용되었던 것이다.

부모님께 자신의 섭섭한 감정들을 솔직히 얘기하고 나누는 것도 문제 해결의 한 방법일 수 있다. 그러나 자신의 야동 중독 해결을 전적으로 부모님께만 의지할 수는 없다. 부모님과의 대화가 어느 정도 도움이 될 수는 있겠으나 궁극적으로는 스스로 문제를 해결해야 한다. 부모님처럼 타인과 관련된 정신적 문제라 할지라도 그 문제를 안고 있는 주체는 바로 나 자신이다.

우리는 모두 각자의 몫으로 주어진 삶을 살아간다. 그러한 가운데 가족과 다른 사람들이 내 삶에 들어와 영향을 미치고 마음대로 돌아다니며 그들의 흔적을 남기기도 한다. 이때, 내가 할 수 있는 최선은 타인이 내 삶에 출입하는 것의 빈도, 깊이, 형태를 최대한 규제하는 것이다. 왜냐하면 내 삶은 내가 책임져야 할 내게 주어진 소중한 선물이기 때문이다.

우리가 할 수 있는 것은 한계가 있다. 서연이가 다시 유년으로 돌아가서 부모님께 받지 못한 사랑을 되찾아올 수는 없다. 그것은 불가능하다.

그렇다면 서연이는 어떻게 해야 할까? 보상 심리와 부모님의 관심을 끌기 위해서 계속 야동에 중독되어 있는 것이 맞는 걸까? 아니다.

부모님의 대타로 교수이며 심리 상담사인 나를 그녀의 야동 중독 해결책의 한 방법으로 선택하긴 했으나, 그렇다고 내가 서연이의 부모를 완벽하게 대신할 수는 없을 것이다. 어릴 때 부모님으로부터 충분히 받지 못한 사랑과 관심의 망령들이 기회가 되면 야동이 아닌 다른 형태로 또 서연이를 괴롭힐 수도 있다.

그런 의미에서 서연이는 이제 부모님의 정서적 부재로 인해 울며 서 있는 어린 서연이를 놓아주어야 한다. 그래야만 야동 중독뿐만 아니고 자신을 억누르고 있는 부정적인 감정의 굴레와 그녀를 계속해서 틈만 나면 정서적으로 흔들어 놓을 수 있는 정신건강을 해칠 위험 요소들에서 벗어날 수 있다.

세상의 모든 걱정 근심의 주체는 다른 누구도 아닌 바로 나 자신이다. 가족도, 직장 상사도, 애인도 아닌 나 자신이 내 삶의 가장 큰 아킬레스건이다. 다른 사람들도 모두 각자 자신의 삶을 산다. 그것이 어떤 형태의 삶이든 혹은 그 삶이 내게 호의적이든 적대적이든 상관없이 그들은 그들의 삶을 살아가고 있을 뿐이다. 내가 내 삶을 살아가고 있듯이 말이다.

내가 다른 사람들의 삶을 바꿀 수 없다면 내가 그들의 삶으로 인해 받는 부정적이고 해로운 영향력에서 도망가고 벗어나야 한다. 그렇게 하려면 올무와 같은 타인의 말과 행동에 매인 나 자신부터 버리고 쳐내야 한다. 타인들이 내 삶에 흘리고 간 유해하고 건강하지 못한 감정으로 찌든 나 자신의 일부분을 과감히 끊어 버려야지 나를 짓누르는 걱정과 근심으로부터 서서히 빠져나올 수 있다. 필요에 따라 전문가의 도움을 받는 것도 지혜로운 방법 중 하나이다.

지금 우리의 생각과 마음을 끈질기게 사로잡고 있는 것은 무엇인가? 혹시 그것이 나의 일상과 영혼과 육신의 건강을 해치는 올무를 놓고 있다면, 가능한 한 빨리 그것의 영향력으로부터 빠져나와 가벼운 나로 살고 싶다는 결심을 해야 한다. 우리는 우리가 생각하는 것보다 똑똑하고 지혜롭다. 나 자신의 건강한 삶을 향해 나아갈 힘과 용기는 이미 나의 세포와 DNA 안에 장착되어 있음을 믿어야 한다.

session 2

불면의 밤을
별이 빛나는 밤으로

역설적 의도

　　　　　　　나의 인생에서 가장 힘들었던 기간 중 하나는 미국 뉴저지주에서 목회학 석사(M.Div.) 공부를 하는 동시에 다른 대학의 박사학위(Ph.D.) 논문을 쓰던 3년간이었다. 얼마나 강도 높게 공부하며 논문을 썼던지 어느 날 아침 양치질을 하는데 튼튼하던 치아가 모두 흔들리고 욱신거려서 깜짝 놀란 적이 있다.

　나중에 안 사실이지만 내가 다녔던 신학대학원은 공부를 엄청 많이 시키고 어려운 프로그램을 운영하는 곳으로 유명했다. 목회학 석사 과정을 원래대로 3년 동안에 마치는 것도 실은 쉽지 않은 일이었다. 거기에다 박사학위 논문을 동시에 쓰고 있었으니 말해 뭐 하겠는가?

 나는 수업 외 시간은 거의 내가 살던 기숙사 옆에 딸린 컴퓨터실에서 살다시피 했다. 기숙사보다 컴퓨터실에서 집중이 더 잘 되는 것은 물론이고 모든 프린터와 프린트 용지를 학생에 한해서 공짜로 마음껏 사용할 수 있는 것도 하나의 이유였다. 감사하게도 부자들이 우리 학교에 기부를 많이 해서 학생들이 장학금과 함께 여러 가지 좋은 혜택들을 풍성하게 누릴 수 있었다.

 그 컴퓨터실 바로 옆은 확 트인 아름다운 큰 골프장이었는데 눈이 오면 온통 하얀 눈으로 덮여 정말 아름다웠다. 공부하다가 가끔씩 유리 창문을 통해 한 폭의 그림 같은 골프장을 바라보는 것도 그 당시 나의 소소하지만 큰 즐거움 중 하나였다. 공부와 논문에만 매여 있던 컴퓨터실의 감옥살이(?)에서 유일하게 세상과 연결되는 짧은 순간의 자유로움과 환희를 주었다.

 나는 적당한 크기의 방 하나와 큰 거실, 부엌 그리고 욕조가 있는 목욕실로 구성된 원룸형 기숙사에서 혼자 살고 있었다. 크기가 15평가량 되지 않았을까 싶다. 거실 유리문 바로 앞에는 베란다가 있었고 또 그 앞에는 아름답고 넓은 정원이 펼쳐져 있있다. 나는 아침 식사를 하며 정원에서 나뭇잎과 풀을 뜯어 먹는 사슴 가족들을 유리문 너머로 자주 목격하곤 했다.

 물 한 병과 아무것도 첨가하지 않은 땅콩을 한 줌 넣은 아주 작은 플라스틱 통과 노트북을 백팩에 넣어서 들고 나는 매일 컴퓨터실로 향했다. 그리고 밤늦게 컴퓨터실에서 기숙사로 돌아오는 한 500미터도 안 되는 길을 걸어오면서 자주 하늘을 바라보았다. 무수히 많은 별이 휘황찬란하게 반짝거리며 피곤함에 지친 나를 반겨주고 응원해 주었다. 아, 나는 그 당시 무슨 영화를 누리겠다고 그렇게 목숨 걸고 지독하게 열심히 공부에 올인한 것일까?

눈이 엄청나게 많이 내리던 어느 크리스마스이브 저녁에 텅 빈 컴퓨터실에서 나 혼자 공부를 하고 있었다. 청소하러 들어온 남자분이 나를 발견하고는 "맙소사(Oh, my)!"라고 깜짝 놀라며 소리를 질렀다. 오늘 같은 날에 왜 컴퓨터실에 혼자 덩그러니 앉아 있느냐는 것이었다. 그렇게 뉴저지에서의 3년은 알차고 보람되었으나 여러 가지 면에서 가장 힘겨웠고 숨 막히던 시간이었다.

그러던 중 나는 얼마 동안 심한 불면증으로 고생했다. 겁도 없이 두 학위를 동시에 진행한 것은 지금 생각해도 무리였다. 그렇게 힘들 줄 알았더라면 그런 무모한 시도를 했겠는가 싶다. 아무리 힘에 겹다 한들 이미 시작한 이상 이러지도 저러지도 못하는 상황에서 스트레스가 이만저만이 아니었다.

한 손에는 박사학위 논문 자료들을, 또 다른 손에는 성경의 원어인 히브리어(Hebrew)와 헬라어(Greek)를 들고 힘겹게 서 있었다. 두세 가지를 한꺼번에 감당해 내느라 머리가 쉴 틈이 없었다.

밤마다 침대에 누워 뒤척이며 괴로운 날들을 보내고 있던 어느 날 우연히 영국 동화책 《곰돌이 푸(Winnie-the-Pooh)》를 손에 쥐게 되었다. 그때만 해도 나는 그 책이 나의 불면증을 해결해 줄 것이라고 꿈에도 생각 못 했었다. 《곰돌이 푸》는 지금도 내가 가장 사랑하는 책 중 하나이다. 그 책은 내게 가장 담백하고 정제되지 않은 깨끗한 웃음을 안겨다 주었다.

《곰돌이 푸》는 나와 함께 입학한 어느 학우의 어린 아들이 읽던 책이었다. 그의 아내는 어린 아들 둘을 키우는 가정주부였는데 가끔 나를 식사에 초대하곤 했다. 그 집에서 책꽂이에 꽂혀 있던 아이들의 책을 빌려와서 읽다가 모든 시리즈를 담은 두꺼운 하드 커버 책을 구입해서 읽기 시작했다.

하루 일과를 마치고 매일 밤 잠들기 전, 침대 옆 작은 램프의 불을 켜고 주인공인 푸(Pooh)와 그의 친구들의 재미있고 스릴 있는 이야기 세계로 푹 빠져들곤 했다. 나를 힘들게 하던 불면증이 그렇게 나에게서 도망가고 있었다.

위키백과에 의하면, 주인공 위니 더 푸(Winnie-the-Pooh)는 영국 작가 밀른(Alan Milne)과 영국 일러스트레이터 셰퍼드(Ernest Shepard)가 만든 가상의 의인화된 곰 인형이다. Winnie-the-Pooh라는 이름은 1925년 크리스마스이브에 런던 이브닝 뉴스가 의뢰한 어린이 이야기에 처음 등장했다. 이 캐릭터는 밀른이 그의 아들에게 백화점에서 사 준 봉제 인형과 그들이 런던 동물원에서 본 곰에 영감을 받아 탄생했다고 한다.

주인공 푸는 꿀을 무척 좋아하는 느긋한 성격의 사랑스러운 곰이다. 천진난만하고 한 박자 느린, 좀 답답한 면도 있으나 창의적이고 인정 많고 훌륭한 통찰력을 가졌다. 친구들을 위해서는 항상 최선을 다하는 재능 있는 시인이기도 하다.

푸의 절친인 피글렛(Piglet)은 푸를 쫄쫄 따라다니는 내성적인 귀여운 새끼 돼지인데 푸의 지원을 받으면 용기를 얻어 담대하게 행동하기도 한다. 티거(Tigger)는 항상 에너지가 넘치고 잽싸게 돌아다니는 행복한 새끼 호랑이이다. 문제를 자주 일으키는 개구쟁이고 책임감이 약간 부족하나 나름 재미있고 낙천적인 캐릭터이다.

내가 가장 아끼고 신경이 쓰이는 캐릭터는 다름 아닌 당나귀 이요르(Eeyore)이다. 항상 고개를 떨구고 무언가 못마땅하게 구시렁구시렁하는 우울한 당나귀이다. 말도 느리게 하면서 부정적이고 빈정대는 듯하지만 나름대로 신중하다. 압정으로 박혀 있는 그의 꼬리가 혹시 떨어져 나갈까 봐, 나무를 쌓아 올려서 만든 그의 집이 무너져 내릴까 봐 늘 마음을 졸이는 친구이기도 하다.

푸의 느리고 신중하다 못해 답답한 말투는 이유 없이 나를 편안하게 해 주었다. 꼬리가 보이지 않게 잽싸게 뛰어다니는 티거의 에너지가 잠 못 이루는 뉴저지 학도의 걱정 근심을 덜어 주기도 했다. 늘 우울하고 자신감 없이 고개를 숙이고 있는 당나귀 친구 이요르를 쓰다듬어 주고 포근히 안아 주고 싶은 마음이 나를 그들의 세계로 자꾸 이끌어 갔다. 그렇게 나는 푸 친구들과 함께 편안하고 행복하게 잠이 들었다.

불면증, 불안장애, 우울증, 강박장애 등에 도움이 되는 심리 기법 중 하나는 빅터 프랭클(Viktor Frankl, 1905~1997)의 역설적 의도(paradoxical intention)이다. 예를 들어 불면증을 호소하는 환자에게 잠을 자기 위해 노력하는 대신 그 반대로 행동해 볼 것을 권유하는 요법이다. 가능한 한 오랜 시간 동안 잠들지 않고 깨어 있으려고 최선을 다해보라는 것이다.

예기불안(anticipatory anxiety)으로 인한 잠을 자야 한다는 과도한 의도(hyper-intention)가 오히려 잠을 방해한다. 그런데 이 잠을 자야 한다는 과도한 의도가 깨어 있으려고 노력하는 역설적 의도로 대체되면서 오히려 압박감에서 벗어나 잠을 자게 되는 원리이다.

다시 말해서 '잠을 자려고 노력하지 않기'가 불면증의 해결책이 될 수 있다. '난 오늘 밤 잠을 못 자도 괜찮아.'라고 스스로에게 말하면 압박감이 줄고 오히려 마음이 편해져 잠이 온다. 이것은 뒤로 걸어 보면 앞으로 걷는 게 더 쉬워지는 것과 같은 원리이다.

두 학위를 동시에 미쳐야 한다는 압박감으로 인한 뉴저지에서의 나의 불면증 또한 어쩌면 이와 비슷한 논리로 해결되었던 것 같다. 하루 24시간이 모자랐고 그래서 짧은 잠자는 시간이 너무 소중했다. 빨리 잠이 들어야 했고 침대를 뒤척일 시간적 여유가 전혀 없었다. 이러한 과도한 의도가 오히려 나의 잠을 방해한 것이다.

자려고 애쓰는 대신 재미있고 행복한 곰돌이 푸 동화에 푹 빠지면서 나는 가능한 한 오랫동안 잠을 자지 않고 깨어 있고 싶은 생각이 간절했다. 나도 모르게 형성된 잠을 안 자고 계속 곰돌이 푸 친구들과 놀았으면 하는 무의식적인 바람이 역설적 의도로 작용해서 오히려 편안하게 잠에 빠지게 도와준 것 같다.

숨 막히는 일상을 살아가면서, 우리는 가끔 삶에서 직면하는 문제들의 해결사를 필요로 할 때가 있다. 가족이나 친지, 선배, 멘토, 혹은 각 분야의 전문가들의 도움을 받는 것도 좋은 아이디어이다. 그런데 의외로 전혀 뜻밖의 사람이나 예상치 못한 소스(source)로부터 해결책이 나오기도 한다는 것을 잊어서는 안 된다.

내 수업을 듣는 나이가 한참 어린 학생들이나 조교, 혹은 유치원생 조카의 생일 카드, 심지어 수명이 다한 오래된 내 자동차 등을 통해서 우리는 삶의 해답을 얻어내기도 한다.

곰돌이 푸와 그 친구들의 도움으로 나는 힘들었던 뉴저지에서의 불면증을 즐겁고 신나게 털어낼 수 있었다. 불면의 밤이

별이 빛나는 밤으로 찬란하게 거듭나는 순간이었다.

혹시 눈을 감고 침대에 눕는 시간이 괴롭고 불편한가? 이런저런 생각과 걱정으로 쉽게 잠들기가 어려운가? 곰돌이 푸 같은 재미있는 동화나 가벼운 책을 읽으면서 오히려 '오늘 밤도 자지 말고 깨어 있어야지. 그래서 이 밤을 꼴딱 새야지.' 하고 자신에게 엉뚱한 주문을 외워보면 어떨까? 그 주문이 상상 외로 마음을 편하게 해 주고 결국 별이 빛나는 꿈의 세계로 인도해 줄지도 모른다.

session 3

인생에 정답은 없어도
내 갈 길을 가야 한다

인본주의 심리학

"저는 외동딸이고요. 엄마와 아빠 두 분 모두와 아주 가깝고 친하게 지내요. 그런데 우리 가족의 유일한 문제는 주말을 어떻게 보내냐는 거예요. 저와 엄마는 기독교인이라 교회에 다녀요. 저는 유년 주일학교 교사로서, 엄마는 성가대에서 찬양으로 교회에서 봉사하고 있어요."

독실한 기독교 신자이자 외동딸인 유나(가명)는 종교가 같은 어머니와 함께 주말을 거의 교회에서 살다시피 한다고 했다.

그러면 아버지는 주말에 무엇을 하며 지내시냐고 물었더니 친구들과 모임을 갖는 것도, 혼자 밖에 나가는 것도 그리 좋아하지 않으셔서 거의 집에서 시간을 보내신다고 했다. 그러면서 유나는 말했다.

"아빠가 안되셨어요. 저와 엄마는 주일날 교회에 가서 예배도 드리고 봉사도 하면서 유익하고 즐거운 시간을 보내지만, 덩그러니 혼자 집에 계시는 아빠가 항상 마음에 걸려요. 교회를 안 갈 수도 없고, 그렇다고 아빠를 주말마다 외롭게 혼자 방치하는 것도 가슴이 아프고…. 그래서 주말만 되면 저와 엄마 그리고 아빠 사이에 묘한 긴장감이 흘러요."

주말을 어떻게 보내느냐를 놓고 벌어지는 종교인인 유나와 어머니, 종교가 없는 아버지 사이의 갈등을 종식할 해법은 없는 것일까? 유나와 유나의 어머니와 아버지 모두 행복할 수 있는 방법이 과연 있기는 한 것인가?

우리는 살면서 무수히 많은 갈등과 해결해야 할 문제점을 맞닥뜨린다. 명쾌한 해답이 있는 경우도 있겠지만 그렇지 않은 경우가 더 많다. 삶은 단순하지 않다. 오히려 얽히고설키고 복잡다단한 것이 세상살이이고 우리 인생이다.

나는 유나에게 물었다.

"유나가 원하는 것이 무엇인가요?"

"우리 가족 셋 모두 행복하기를 원해요. 그런데 그 방법을 모르겠어요. 종교를 버리거나 등한시할 수도 없고, 그렇다고 주말마다 아빠 혼자 외롭게 계시게 하는 것도 마음이 아프고요."

유나의 딜레마를 접하면서 인생에 정답이라는 것이 과연 존재하는 것인가 하는 의문을 되새기게 되었다.

나는 몇 년 전 뜻하지 않게 두 가지 수술을 약 2개월 반 차이로 비슷한 시기에 받았다. 백내장 수술(1월)과 전신마취 치과 수술(4월)이었다. 정확히 말하자면 구강악안면외과 수술이었다.

그전까지는 수술을 단 한 번도 받아 본 적이 없었는데 갑자기 수술복(?)이 한꺼번에 터진 것이다. 중요하고 제법 큰 수술들이라 학기를 피해서 겨울방학 때 받으려는 계획이었다. 백내장 수술과 치과 수술, 두 가지 수술을 거의 비슷한 시기에 진행하려고 하니 무섭고 불안하기도 했으나 둘 다 중요하고 빨리 해야 하는 수술이라서 어쩔 수가 없었다.

백내장 수술은 계획대로 방학 중인 1월 중순에 한 눈씩 이틀에 걸쳐 진행되었다. 그런데 치과 수술은 수술 전에 먼저 치과 보존과에서 신경치료를 해야 했다. 또 담당 치과의사 교수님의 수술 스케줄 등 여러 가지 고려하고 준비해야 하는 것들이 많았다. 결국 학기가 시작된 4월 초에야 치과 수술을 받게 되었다.

두 수술 사이에 약 2달 반의 기간이 있긴 했지만, 치과 수술을 받기 전에 여러 번 진행해야 했던 신경치료는 백내장 수술을 받은 후 채 얼마 되지 않아 시작되었다.

신경치료는 오른쪽 어금니와 적군인 그 근처 염증 덩어리를 제거하기 전에 감행해야 했던 준비 작업이었다. 그것은 우리의 아군이자 우리가 꼭 살리기를 원했던 어금니 바로 옆 치아를 돌보는 것이었다. 염증이 침범해 들어와서 자꾸 그 치아를 못살게 굴고 있으니 수술 전에 우선 그 치아의 체력을 단련하기 위해서 여러 차례 신경치료를 해야 했다.

치과 치료 일정이 잡혔을 때 우선 안과에 문의했다. 얼마 후에 치과의 신경치료와 큰 수술이 잡혀 있는데 무리가 없겠냐고 말이다. 물론 안과 쪽 대답은 눈은 치아나 입안과는 부위가 다르니 상관이 없다는 것이었다. 그리고 치과에 같은 질문을 했을 때도 비슷한 답을 들었다. 눈 수술이 치과 수술과는 무관하다고 했다.

두 쪽의 대답이 모두 맞다. 이치적으로는 그렇다. 그러나 환자 입장인 나는 좀 다른 의견을 가지고 있었다. 그리고 내 염려가 맞았다. 동일한 얼굴에 그것도 아주 가깝게 위치한 눈과 입안의 큰 수술들은 분명 몸에 무리였다.

신경치료를 하는 동안 아주 밝은 불빛을 얼굴에 비추어야 했는데 그때 얼마 전 백내장 수술을 받은 눈이 너무 부셔서 선글라스를 착용하거나 두꺼운 수건으로 눈을 덮어야 했다. 그렇게 조치를 취한다 할지라도 백내장 수술로부터 아직 완전히 회복하지 못하고 예민한 눈이 많이 불편했다.

얼마간 두 눈에서는 불빛이 번쩍번쩍하고 도려낸 입안의 상처는 욱신거리고 아팠다. 채 얼마 떨어지지 않은 내 얼굴의 두 곳이 동시에 서로 아우성이었다. 눈 수술과 신경치료와 치과 수술 사이의 짧은 기간은 환자인 나에게는 확실하게 영향을 미쳤다.

그때 나는 문득 깨달았다. '인생에도 정답이란 없다.' 안과도 치과도 또 환자인 나도 모두 다 나름대로 답을 갖고 있었고 그 중 어느 하나가 정답도 아니었다. 인생도 이와 비슷하다. 우리 삶은 모험과 예상치 못함과 불확실성으로 가득 차 있다. 인생의 불확실성을 바꿀 수 있는 사람은 세상 그 어디에도 없다. 인생에 정답이 없음을 알고 나의 최선을 다하는 수밖에 다른 도리가 없는 것이다. 미리 예견하고 대응하고 부딪치며 뚫고 나갈 수밖에 다른 방법은 없다.

미국의 심리학자 칼 로저스(Carl Rogers, 1902~1987)는 인본주의 심리학(humanistic psychology)의 창시자 중 한 명이다. 인간 중심 상담(person centered therapy)과 내담자 중심 상담(client centered therapy)이 그의 핵심적인 상담 이론 체계이다.

로저스는 모든 사람이 내면에 자기를 치료하고 변화시킬 수 있는 능력과 필요한 역량을 이미 소유하고 있다고 믿는다. 상담자는 내담자에게 지시하거나 그들을 이끌어가는 사람이 아니라는 것이다. 사람들은 원래 모든 문제의 해답을 스스로 가지고 있기 때문에 상담자가 진실성을 가지고 긍정적으로 공감해 주기만 하면 내담자들이 알아서 문제 해결과 자아 실현의 방향으로 나아간다는 것이다.

인간의 고무적이고 진취적인 성향에 대한 로저스의 신뢰는 인생에 정답이 없다는 불확실성 속에서도 우리가 스스로 길을 찾게 만든다. 모두가 동의하는 하나의 정답은 없을지라도 각자 나름대로 해답을 찾아갈 것이라는 믿음 때문이다.

주말에 교회에서 시간을 보내기를 원하는 유나와 엄마 그리고 무종교인으로 가족과 주말을 함께 즐기기를 원하는 아빠 사이에서 문제를 해결할 명쾌한 정답을 찾는다는 것이 쉬워 보이지 않았다. 유나와 나는 여러 가지 가능한 해법을 찾기 위해서 함께 노력했다.

유나는 나에게 얘기했다.

"교회를 가서도 제 마음이 편치 않은 이유 중 하나는 제가 사랑하는 아빠를 외롭게, 혼자 계시게 한다는 거예요. 교회에서 제가 가르치고 사랑하는 학생들도 중요하지만 어쩌면 가장 가까운, 저에게 생명을 주신 아빠를 사랑하고 아빠가 원하는 것에 귀 기울이는 것도 중요한 것 같아요."

결국 유나가 시도하기로 한 문제 해결책은 이러했다. 한 달 네다섯 번의 주말 중 적어도 한 번은 가장 이른 시간 예배에 참석한 뒤 일찍 집으로 돌아와 아버지와 함께 여행을 떠나거나 시간을 보낸다. 아니면 아예 토요일에 여행을 떠나서 그곳에 있는 교회에서 예배를 드리고 여행을 계속 즐긴다. 유나가 빠지는 주일에는 교회와 의논해서 대타 선생님을 구하고 유나 대신 유년 주일학교 학생들을 가르치게 한다. 그리고 유나의 어머니는 성가

대 지휘자님께 양해를 구하고 그 주일만 빠지는 것이다.

그렇게 시도하다 보면 유나와 부모님 모두 어느 정도 편안하고 행복한 해답에 이르게 될 수도 있다. 하지만 모두가 행복하고 만족할 만한 해답은 없을 수도 있다.

눈 수술과 치과 수술을 비슷한 시기에 하는 것이 괜찮은지 아닌지에 대해 두 병원의 답과 환자인 나 자신의 답이 달랐다. 그럼에도 나는 두 가지의 중요한 수술을 잘 감내했고 대만족으로 결론이 났다. 인생에 정답이 없다는 것이 해피엔딩을 가로막지는 못한다는 사실을 깨닫는 순간이었다.

혹시 당신은 오늘 얽히고설킨 삶의 교차로의 한가운데 서 있지는 않은가? 누구의 말이 맞는지, 무엇이 정답인지, 과연 인생에 정답이라는 것이 있기는 한 건지, 이러한 삶에 대한 근본적인 의문과 미심쩍음이 혹시 당신의 자신감과 평안과 행복에 망치질을 해대고 있지는 않은가?

모든 사람 안에 자신에게 가장 적합하고 이상적인 삶의 방향과 솔루션(solution)이 내재되어 있음에 기초한 칼 로저스의 인본주의 심리학은 우리에게 위로와 희망을 불어넣어 주기에 충분하다. 혼돈과 불안을 안고 큰길 사거리에 서서 열심히 나아가야 할 방향을 찾아 헤매고 있는 모든 이에게 심리학자 로저스 할아버지는 이런 따뜻한 말 한마디를 건넬 것이다.

"당신 안에 이미 정답이 들어 있다는 것을 믿으세요. 그리고 발걸음을 옮겨 보세요. 당신을 한번 믿어 보시라고요. 후회하지 않을 거예요!"

session 4

시간이
해결해 주는 것 맞아요

회복탄력성

나는 지난 몇 년간 마음에 약간의 불편함과 안타까움을 안고 살아왔다.

몇 년 전 부모님께서 나에게 새 차를 하나 선물해 주셨다. 새 자동차는 이번이 두 번째이다. 첫 번째는 내가 대학원생일 때였다. 그러고 보니 두 자동차 모두 부모님께서 선물로 사 주셨다. 첫 번째 차는 미국 캘리포니아주 남가주(Southern California)에 살고 있을 때 사 주셨고, 두 번째 차는 몇 년 전 내 생일 때 한국에서 사 주셨다.

두 번째 새 차를 타기 전까지 나는 2013년에 2000년식 중형 자동차를 중고로 350만 원에 구매해서 10년 넘게 탔었다. 펄

(pearl)이 들어간 흰색의 마음에 쏙 드는 예쁘고 좋은 차였다.

그런데 문제는 공업사 기술자들이 차 바닥 면의 부식이 심해서 언제 무너져 내릴지 모르니 그만 타라고 조언하고, 게다가 세차장 사장님도 차체가 좀 휘어지고 부식되어 너덜너덜하니 세차할 때 책임을 못 지겠다고 하는 것이었다. 그러나 나는 새 자동차를 구매할 생각이 추호도 없었다.

나에게 자동차는 나를 한 장소에서 다른 장소로 옮겨주는 편리한 교통수단 그 이상도 그 이하도 아니었다. 게다가 새 자동차를 도로로 끌고 나가는 순간 감가상각이 시작되니 경제적으로도 손해라고 생각했다.

중고차를 사면 속을 알 수도 없고 문제를 일으켜 돈도 많이 들고 골칫덩어리라고 하는 사람들도 있다. 이해한다. 그러나 나는 미국에서도 한국에서도 내 돈으로 새 자동차를 구매한 적이 없다. 감사하게도 내가 구입했던 중고차들이 모두 튼튼하고 성능이 좋아서 단 한 번도 나를 실망시킨 적이 없었다.

그런데 몇 년 전부터 특히 부모님을 모시고 병원과 마트 등을 자주 다녀야 하니 언제 무너져 내릴지도 모를 차는 위험하므로 당장 바꿔야 한다는 필요성은 느끼고 있었다. 문제는 그러면 어떤 차를 구입하느냐는 것이었다. 나는 당연히 중고차를 생각했고, 다른 가족들은 한목소리로 이제 나이도 있고 하니 제발 새 차를 구매하라고 하였다.

중고차와 새 차 사이를 오가며 고민이 깊어졌다. 게다가 차가 위험한 상태여서 빨리 결정해야 했다. 결정은 뜻하지 않게 부모님께서 대신 내려 주셨다. 내 생일날에 새 자동차를 선물하시겠다는 것이었다. 결론을 얘기하자면 얼떨결에 분에 넘치는 한국산 새 자동차를 선물 받았다. 지금 생각해도 비싼 값의 새 차가 나에게는 사치라는 생각에 가슴이 떨리고 아려 온다.

찻값을 부모님께서 내셨기 때문에 세무사를 통해서 현금 증여세도 냈다. 약 10년을 내게 효도했던 350만 원 주고 산 2000년식 자동차는 100만 원에 폐기되었다. 그 차가 견인차에 힘없이 끌려갈 때 나는 속으로 조용히 눈물을 삼켰다. 겉으로 보기와는 달리 큰 말썽 한 번 부리지 않고 얼마나 열심히 성심성의껏 주인인 나를 도와준 차였던가?

그렇게 해서 부모님께서 사 주신 새 차를 몰고 다닌 지난 몇 년간 나는 가슴앓이를 하였다. 옛날 차가 그립기도 하고, 또 이렇게 비싼(?) 새 차를 몰고 다니는 것이 나와 맞지 않다는 느낌이였다. 제부는 나의 새 차가 평범한(?) 한국 교수 차라고 했지만, 나에게는 너무 과분하고 왠지 낭비라는 생각이 들었기 때문이다.

그러나 최근 들어서 이런 생각을 바꾸려고 노력하고 있다. 부모님께서 내게 새 자동차를 사 주시고 얼마나 기뻐하셨는지 모른다. 내가 이렇게 슬퍼하고 있으면 부모님의 그 기쁨이 어떻게 되겠는가? 새 차를 운전할 때마다 찻값의 과분함에 눌려 있던 내 가슴이 이제 조금씩 가벼워지기 시작했다.

　나는 더 이상 예전처럼 그렇게 자주 그 차를 그리워하지는 않는다. 탱크처럼 투박하게 생긴 견인차에 꽁무니가 들려서 억지로 슬프게 끌려가던 진줏빛의 내 옛날 자동차 말이다. 대신 새 자동차가 나에게 제공해 주는 럭셔리(luxury)와 옵션에 감사하고 그것을 즐기기로 했다. 참고로 새 차는 이전 차와 동일한 예쁜 진줏빛의 흰색이다.

　집 안에서 자동차 시동을 걸고, 센서들이 앞뒤 좌우 곳곳에서 나의 사각지대를 해결해 주고, 겨울엔 핸들과 엉덩이 부분을 따듯하게 만들어 주고, 위험할 때는 내가 실수로 페달을 밟더라도 차가 알아서 꿈쩍도 안 하고 버텨주는 등 나는 드디어 21세기 첨단 과학 기술의 세계로 훌쩍 뛰어들어 시간 여행의 경이로움과 모험을 만끽하기로 마음을 먹었다.

　그렇다. 시간이 해결해 준다. 그렇게 시간이 흐르며 나의 과거 효녀 자동차에 대한 끈끈한 정과 미련들을 조금씩 흘려보내고 있었다. 비싼 차(적어도 내 기준으로는)를 몰고 다닌다는 일말의 불편함과 심란함 그리고 심지어 약간의 죄의식 또한 시간이 해결해 주고 있었다.

　여기서 한 가지 짚고 갈 부분이 있다. 저렴한 중고 자동차를 선호한다는 나의 극히 개인적인 취향에 관한 얘기가 행여 고급 자동차를 선호하는 사람들에게 불편하게 들릴까봐 마음이 쓰인

다. 그런 의향은 전혀 없음을 그리고 나와 다른, 타인의 자동차에 대한 다양한 취향을 존중함을 알아주기를 바란다.

회복탄력성(resilience)은 인간에게 내재된 긍정적인 방향으로의 도약성을 의미한다. 미국의 발달심리학자 에미 워너(Emmy Werner, 1929~2017)와 루스 스미스(Ruth Smith)는 1982년 발간한 책 《취약하지만 무너지지 않는: 회복탄력성이 있는 아동과 청소년에 대한 종단 연구(Vulnerable but Invincible: A Longitudinal Study of Resilient Children and Youth)》를 통해 '역경회복탄력성 모델(Adversity-resilience Model)'을 소개했다.

역경회복탄력성 모델은 1955년부터 1982년까지 하와이 카우아이(Kauai)섬 출생자 698명을 대상으로 한 코호트(특정 기간에 특정 경험을 공유한 사람들의 집합) 연구를 통해 제시된다. 27년이란 긴 세월을 통해 동일한 사람들을 장기적으로 관찰하는 종단적 연구(longitudinal study)인 만큼, 이 연구는 특정 지역성에도 불구하고 보편성을 가진다.

연구를 통해 어려움과 역경을 딛고 일어선 회복탄력성을 드러낸 아동들의 특징들을 살펴보았더니 개인적 특성과 환경적 요인 둘 다를 아우르고 있었다. 개인적 특성으로는 자기 효능감과 긍정적 사고방식 그리고 환경적 요인으로는 가족의 지지와 사회적 연결을 들 수 있다.

나의 삶을 포함해서, 이 세상에 완벽한 삶은 없다. 그래도 나는 나름대로 긍정적이고 낙관적인 렌즈로 자신과 타인들을 보려고 하는 성향이 있다. 또한 나를 위한 부모님의 끊임없는 기도와 무조건적인 사랑과 지지가 있는 건강한 환경에서 자라나고 생활해 왔다. 이러한 나의 특성과 고무적인 환경은 새 차를 운전하며 느꼈던 이름 모를 압박감과 후회와 약간의 죄의식을 완화해 주는 지지대가 되어주었을 것이다.

내 삶의 긍정적인 요인들에 시간이라는 훌륭한 촉매가 어우러져서 내가 빨리 그 압박감에서 헤쳐 나올 수 있도록 회복탄력성을 만들어 준 것이다. 그렇게 지난 몇 년간 내 마음을 무겁게 했던 부모님께 선물 받은 새 차는 이제 길 위의 새로운 동반자로, 신실한 친구로, 고상하고 얌전하게 나를 에스코트한다. 우리는 그렇게 서로를 고마워한다.

언제부터인지 스트레칭 운동을 할 때나, 기침을 강하게 할 때, 혹은 크게 웃을 때 왼쪽 가슴 바로 밑 갈비뼈 근처에 통증을 느끼기 시작했다. 병원에 가서 검사도 하고 엑스레이도 찍고 했지만, 통증의 원인을 찾을 수가 없었다.

의사 선생님은 일단 통증을 좀 완화하는 약을 사용해 보자고 하시며 약을 처방하고 친절하게 설명해 주셨다. 약이 통증을 완전히 없애 주지는 않지만, 기폭제 역할을 해서 우리 몸이 스스로 치유하고 건강해지려고 하는 작용에 도움을 준다는 것이었다.

약을 단 며칠간만 복용했음에도 의사 선생님 말씀대로 통증은 조금씩 줄어들기 시작했다. 감사하게도 오랜 시간이 지난 지금까지도 아직 그 통증을 느끼지 않고 있다.

삶에 문제가 생기고 몸과 마음이 아프면 가능한 한 빨리 전문가의 도움을 받고 적절한 해결책을 찾아 해결할 수 있다. 그리고 또 어떤 경우에는 그것들을 그냥 가만히 놔두면 스스로 해결되기도 한다. 회복탄력성의 도움과 함께 시간이 해결해 준다는 것이다.

부모님께서 생일 선물로 사 주신 새 차로 인한 부담감과 압박감 또한 시간의 흐름과 함께 회복탄력성에 힘입어 해결되는 중이다. 운동할 때나 웃을 때 느꼈던 왼쪽 갈비뼈 근처의 통증도 며칠간 복용했던 약의 도움과 함께 시간이 지나감에 따라 이제 더 이상 나를 괴롭히지 않는다.

우리가 경험하는 아픔과 고통 그리고 문제는 한 발짝 물러서서 그것들로부터 좀 떨어져 있으면 시간과 함께 저절로 해결되는 경우가 많다. 그것들을 해결하기 위해서 너무 많은 에너지와 시간을 들이면 들일수록 우리는 늪에 빠지기 쉽다. 마치 수영을 못 하는 사람이 무턱대고 물에서 발버둥 치는 바람에 결국 힘을 다 소진하는 것처럼 말이다.

현재 해결될 것 같지 않은 어떤 문제를 안고 고민하고 있는가? 당신은 어쩌면 당신이 생각하는 것보다 훨씬 더 회복력이 좋을지도 모르고, 어떤 것은 그냥 가만히 놔둬도 스스로 해결되는 경우도 많음을 살아가면서 체험할 것이다. 많은 경우에 우리 삶은 그렇게 시간의 흐름 속에서 회복하고 치유된다. 우리 삶의 많은 것들은 의외로 시간이 해결해 준다.

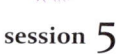

session 5

우회로에 숨겨진
행복한 반전

마인드셋

               몇 년 전 부모님을 모시고 어디론가 가고 있었다. 날씨도 무척 화창했고 즐겁게 대화를 나누며 운전하고 있었다. 주위를 살펴보니 오른쪽에는 아름답게 펼쳐진 넓은 강이 흐르고 있었고 도로는 넓은데 차들이 별로 없었다. 내비게이션이 없는 차였기에 아버지께서 운전석 옆자리에서 핸드폰 내비게이션을 따라 열심히 잘 인도해 주고 계셨다.

  그런데 갑자기 이상한 생각이 들면서 정신이 혼미해졌다. 왠지 우리 차가 서울을 벗어나 자꾸 북쪽을 향해서 끝도 없이 가고 있는 느낌이었다. 나는 그때 내 눈앞에 펼쳐진 내일 날짜 신문 헤드라인을 보았다. 〈○○대학교 어느 여자 교수가 부모님을 모시고 월북하다!〉 생각만 해도 아찔했다. 아. 만에 하나 그런 불상사가 벌어진다면 도대체 이 오해를 어떻게 풀 것인가?

　나는 가능한 한 빨리 그 도로를 벗어나 오던 방향으로 다시 되돌아가기를 원했다. 그런데 그 큰 도로에 출구가 보이지 않았다. 한참을 북쪽(?)을 향해 얼마를 더 달렸을까? 드디어 출구가 나왔고 재빨리 출구로 나가 큰 도로 밑으로 난 길을 따라 좌회전하고 방향을 틀어 오던 길을 되돌아갈 수 있었다. 유턴한 것이다. 우여곡절 끝에 드디어 목적지에 무사히 도착했고 우리 모두 안도의 숨을 쉬었던 기억이 난다.

　자의든 타의든 우리 가족은 그날 우회를 해야만 했다. 우리가 북쪽을 향해 달리고 있었다는 것은 나의 주관적인 느낌과 생각이고 사실과는 다를 수 있다. 그러나 여기서 중요한 것은 사실 여부가 아니고 운전자인 내가 북쪽으로 잘못 가고 있다고 믿었다는 것이다. 그 믿음으로 인해 원래 가고 있던 방향을 틀어서 다른 길로 우회하기에 이르렀다. 결국 원하는 목적지에 도착했고 그것은 계획에 없었던 우회로를 통해 이루어졌다.

　우회는 '곧바로 가지 않고 무언가를 피해서 돌아감'을 의미한다. 우회는 우리를 불편하고 번거롭고 불안하게 만들기도 한다. 그렇지만 삶은 우리가 계획한 대로만 흘러가지 않는다. 인생이란 원래가 그렇다. 인생을 살다 보면 의도적이든 아니든 우회로를 택해야 하는 경우가 생긴다. 우리가 계획하고 의도한 바와는 전혀 다른 길로 돌아가야 할 때가 있다. 우리 가족도 아주 오래 전에 인생의 방향을 바꿔 놓은 획기적이고 중요한 우회를 경험했다.

나와 여동생은 부모님을 따라 미국 캘리포니아주로 이민을 가서 재미교포 1.5세로 오랜 기간 살았다. 이민 1.5세대는 한국에서 태어났지만, 부모를 따라 이민 와 영주권자나 시민권자로 살아가는 세대를 말한다. 부모님 손을 잡고 지구 반 바퀴를 돌아 미국 땅을 밟은 나와 동생에게 미국 이민은 엄청난 우회로였다.

우리 가족은 이민 초기에는 LA 한인타운에서 가까운 버몬트 애비뉴(Vermont Avenue) 근처에 자리를 잡았다. 유명한 그리피스 천문대와 많은 사람에게 익숙한 'Hollywood' 간판이 있는 그리피스 공원(Griffith Park) 밑에 위치한 곳이었다.

주말이면 동생과 친구들과 함께 길 하나 건너면 있는 '쓰리프티 드러그 스토어(Thrifty Drug Store)'에 자주 갔었다. 쓰리프티 드러그 스토어는 여러 가지 생필품을 합리적인 가격에 팔았다. 그 안에 약국이 있어서 드러그(drug)라는 이름이 붙여졌다. 우리는 그곳에서 세상에서 제일 맛있는 쓰리프티 아이스크림 2~3스쿱(scoop)을 사서 먹으며 놀았다.

아이스크림 종류가 얼마나 많은지 셀 수가 없을 정도였다. 나는 특히 로키 로드(Rocky Road) 초콜릿 칩(Chocolate Chip), 바닐라(Vanilla), 피스타치오 넛(Pistachio Nut), 초콜릿 몰티드 크런치

(Chocolate Malted Krunch) 맛을 좋아했다. 3스쿱의 아이스크림을 먹는다 해도 1달러, 그 당시 환율로 약 1,000원도 되지 않았던 것 같다.

그곳에서 아르바이트하던 잘생기고 친절한 미국인 대학생 오빠를 보는 즐거움도 적지 않았다. 무엇보다도 그는 늘 웃음 가득한 얼굴로 맞아주었고 철부지인 우리를 깍듯이 대해 주었다. 그곳은 우리들의 천국이었다.

아직 젊으셨으나 중년의 나이였던 부모님에게도 미국으로의 이주가 삶에서 큰 우회 중 하나였을 것이다. 모든 기반을 한국에 두셨던 부모님은 낯설고 물선 타국에서 모든 것을 처음부터 다시 시작하셔야 했다. 나와 동생을 공부시키고, 삶의 터전을 새로 일구며 언어와 문화가 완전히 생소한 곳에 적응하는 것이 쉽지만은 않으셨을 것이다.

익숙하고 편안한 한국에서의 삶을 뒤로 하고 미국이라는 미지의 세계에서의 인생 항해는 문화적, 사회적, 인종적, 언어적 그리고 경제적 도전을 가져왔다. 그렇게 부모님의 젊음은 눈 깜짝할 사이에 물 흐르듯 흘러가 버리고 말았다. 그렇지만 자식들인 나와 동생이 새롭고 더 넓은 세계에서 교육받고 폭넓은 문화를 경험하고 다양한 사람들과 교류하면서 더 넓고 글로벌한 시야를 갖게 해주셨다.

부모님께서는 삶의 우회로로 인해 잃으신 것도 있지만, 보람

된 결실도 풍성히 거두셨을 것이다.

성인이 되어 중년의 나이에 나는 다시 모국인 한국으로 돌아와 대학에서 교수로서 학생들을 가르치고 있다. 미국으로 처음 이민 갔을 때 인생의 우회로를 경험했듯이 한국으로 다시 돌아온 것 또한 주목할 만한 인생의 또 다른 우회였다.

교수로 채용되고 몇 년 후 잘 아는 어느 교수님께서 내게 이렇게 말씀하셨다.

"시몬 교수님이 우리 대학에 와서 이렇게 오래 잘 정착할 줄은 정말 몰랐어요. 2년도 채 못 버티고 미국으로 다시 돌아갈 줄 알았거든요."

내가 태어난 나라임에도 불구하고 한국 문화와 한국 대학 시스템에 적응하고 살아남기가 마냥 쉽지만은 않았다.

'바나나'라는 표현은 겉은 아시아인인데 속은 백인과 다를 바 없는 교포를 일컫는 말이다. 주로 미국에서 태어난 교포 2세 혹은 3세를 지칭한다. 통상 우리가 이해하는 영어와 미국 문화에 익숙한 1.5세를 포함한 미국에 오래 거주한 모든 재미교포를 생각해도 무난하다. 겉은 한국 사람인데 안의 내용물은 미국 문화를 흠뻑 머금고 있다는 것을 단순히 겉으로만 봐서 알기란 쉽지 않다.

많은 경우, 외국인 교수님이나 외국인 학생과 나는 '이방인'이라는 느낌에 있어서 공통점을 가진다. 아마 나와 그들 모두 문화적으로 100% 한국인이 아니라는 점에서 동병상련의 느낌이 서로를 더 잘 이해하게 만들기 때문일 것이다. 어쩌면 이런 이유로, 나에게 맡겨진 외국인 교원 상담 교수의 역할을 보람되고 즐겁게 수행했는지도 모른다.

인생의 우회로와 관련해서 좀 특이하고 드문 상담 사례 하나를 기억한다.

미아(Mia, 가명)는 아프리카계 영국인 학생이었다. 우리 학교 대학원에서 국어국문학을 전공하고 있었다. 영어와 한국어를 완벽하게 구사했으며 교내외 여러 단체와 행사 등에서 한국어와 영어 통역을 맡았다. 원래 영국에서의 학부 전공은 경영학이었던 걸로 기억한다.

미아는 모국인 영국에 있을 때 한국의 문화 예술, 이른바 K-culture와 K-music을 접하기 시작하면서 한국 문화와 한국어에 흠뻑 빠져들었다. 학부를 마친 미아의 마음속에는 한국어를 공부해서 한국어 통역자가 되겠다는 새로운 진로와 미래가 그려지기 시작했다. 그때부터 미아의 삶에서 우회가 시작되었다.

미아는 한국어라는 새로운 선택을 위해서 경영학이라는 이전의 선택을 내려놓아야만 했다. 아울러 익숙한 영국의 대학 생활을 포기하고 아시아에 있는 낯선 나라인 한국에서 새롭게 대학 생활을 시작해야 했다. 미아는 용감하고 대담하게 새로운 선택을 했고 후회는 전혀 없었다.

그러나 영어와 한국어를 완벽하게 구사했음에도 아프리카계 영국인이라는 좀 독특한 존재감으로 인해 한국에서 사는 것이 마냥 행복하지만은 않았다. 한국에서의 문화적, 인종적 장벽과 편견이 때로는 미아에게 진짜 우주의 미아(迷兒) 같은 느낌을 들게 했다.

피부가 검은 아프리카계 외모 탓에 미아는 가끔 영어를 못 한다는 오해를 받았고, 아프리카에서 온 미개한 흑인 여성이라고 무시당하기도 했다. 미아가 한국말을 못 할 것으로 생각한 몇몇 한국인들이 서로 주고받는 대화를 우연히 들음으로써 알게 된 사실이었다.

재미교포 교수인 나는 마음을 열고 동병상련의 심정으로 영국인 학생 미아의 이야기를 경청하고 그녀와 함께함으로써 그녀의 외로움을 보듬어 주었다.

어느날 미아는 나에게 얘기했다.

"시몬, 한국과 한국 대학원에서의 몇 년간은 정말 유익하고 보람되고 생산적이었어요. 검은색 피부로 인해 약간의 문화적·인종적 챌린지(도전)들은 있었지만, 제가 바라던 한국 대학원의 국문학 학위를 무사히 취득했잖아요!"

그랬다. 미아는 그녀가 살고 싶어 했던 나라 한국을 경험했고 또 그곳에서 마음껏 즐겁게 공부도 했다. 그리고 지금 미아는 본국인 영국으로 다시 돌아가 통역자로서 여러 기관에서 영어와 한국어를 번역하고 통역하는 아주 귀한 인재로 활약하며 행복하게 살고 있다. 미아는 우회로를 선택함으로써 나름의 도전과 어려움을 경험하기도 했지만, 그녀의 우회로는 결국 행복한 반전으로 마침표를 찍었다.

삶의 우회로는 우리의 경험과 지식 그리고 생각의 지평을 넓혀준다. 우리와 다르고 낯선 것들에 대한 반감이나 불편한 감정을 완화해 주는 역할도 한다.

삶의 우회는 마치 우물 안의 개구리가 어느 날 안전하고 익숙한 우물을 벗어나 신세계를 접하는 것과 같다. 우물 밖 세상을 경험한 개구리는 우물 안에 있었던 자신을 좀 더 객관적이고 냉철한 시각으로 바라보는 눈을 갖게 될지도 모른다.

삶의 우회와 관련해서 마인드셋(mindset), 특히 성장 마인드셋(growth mindset)의 중요성과 효율성을 언급하지 않을 수 없다. 《성공의 새로운 심리학(Mind: The New Psychology of Success)》의 저자 캐럴 드웩(Carol Dweck, 1946~)은 마인드셋, 즉 생각의 틀이나 사고방식의 중요성을 강조한다. 마인드셋이 결국 우리 삶의 모든 것을 인도하고 이끈다는 것이다.

고착 마인드셋(fixed mindset)은 도전을 피하고 장애물이 있으면 포기하며 노력은 소용없다고 단정한다. 또한, 유용하지만 부정적으로 보이는 반응들을 무시하고 다른 사람들의 성공에 위협을 느낀다.

반면, 캐럴 드웩이 권장하는 성장 마인드셋은 도전을 받아들이며 좌절에도 끝까지 견딘다. 그리고 노력은 능력을 습득하는 통로라고 여기며, 비판을 무시하지 않고 그것을 통해서 배운다.

중요한 것은 우리 스스로에 대한 마인드셋이다. 고착 마인드셋을 가지고 내가 변화할 수 없다고 생각하면 앞으로 더 나아갈 수가 없다. 왜냐하면 지금의 나를 타인에게 증명하고 인정받으려고만 하기 때문이다.

성장 마인드셋의 진수는 모든 것이 잘 진행되지 않는다 해도 좌절하거나 중도에서 포기하지 않는 것이다. 그리고 그것을 통해 예전에 몰랐던 새로운 깨달음을 얻고 더 발전하고 성장하면서 자신을 계속 확장(stretch)하고 끊임없는 열정을 가지는 마음이다.

우리는 살면서 수많은 우회로의 도전을 경험할 수 있다. 지금 이 순간 당신도 삶 가운데 어떤 우회로 혹은 뜻하지 않은 전환점을 맞이하고 있는가? 우회로는 원래 계획과 익숙한 것들을 벗어나게 하므로 정신적 안정과 삶의 균형을 위협할 수도 있다. 그럴 때는 삶의 우회로들을 불편한 장애물이나 없애야 할 짐 덩어리로 치부하는 대신, 나를 성장시키고 더 넓은 세계로 인도하는 내 편인 친구로 만들면 된다. 긍정적인 성장 마인드셋을 가지고 우회로가 우리에게 가져다주는 긍정적인 면들을 기대하면서 말이다.

내가 부모님을 따라 미국으로 이민을 가서 이민자로 산 것과 중년의 성인이 되어 한국으로 다시 돌아와서 대학교수로 일하는 것 그리고 아프리카계 영국인 대학원생 미아의 한국 대학과 한국에서 살아남기 등은 모두 나름의 우회로였다. 성장 마인드셋을 가지고 더 나은 미래를 향한 삶의 전환점의 재료로 우회로를 활용했을 때 그러한 경험들이 행복한 역전의 기쁨으로 되돌아와서 우리를 반겨주었다.

남녀노소 불문하고 항상 새로운 모험을 준비하는 유연함과 도전 정신을 발휘해 보면 어떨까?

우리는 우회로를 통해 내 안에 숨겨진 뜻밖의 보물을 발견하고 진정한 나 혹은 숨겨진 또 다른 나를 만나게 될지도 모른다. 우회로를 통한 자기 지식, 즉 나에 대한 더 풍부한 이해와 깨달음 혹은 정체성의 비움이나 수정·개조를 통해 우리는 결국 한 단계 성장하고 발전하는 소중한 경험을 하게 될 것이다.

session 6

비밀은 없다는 사실에
숨겨진 비밀

확증 편향

　　　　　　　학기 말에 학생들이 자신의 성적을 확인하면 몇몇 학생은 어김없이 정해진 학사관리 사이트를 통해 성적 이의 제기 신청을 한다. 그러면 교수는 그 학생들에게 어떻게 해서 성적이 산출되었는지를 가능한 한 정확하고 자세하게 알려준다. 그런데 가끔 한두 학생은 학교에서 지정한 정식 이의 제기 사이트를 사용하는 대신 교수의 개인 이메일로 문의한다.

　그 이유는 대개 자신이 처한 사정을 구구절절 얘기하면서 교수에게 성적을 높여 달라는 부탁을 하기 위해서이다. 대부분 긴 편지 형식의 이메일이다. 예를 들자면, "교수님. 이 수업에서 A+를 받지 못하면 장학금이 끊길 수 있어요. 제발 부탁드립니다. 제가 가정 사정이 어려워요. 성적을 A+로 고쳐 주시면 정말 감사하겠습니다.", "교수님. D-라도 좋으니 F만은 받지 않을 수 없을까요? 이번 한 번만 제 부탁을 들어주실 수는 없는지요? 이 은혜는 평생 잊지 않겠습니다. 이번에 F를 받으면 학사경고를 받게 되거든요." 등이다.

학생들 각자의 사정을 내가 왜 모르겠는가? 그들의 사연이 다 절박하고 나름대로 안타까운 것이 사실이다. 내가 그들의 입장이라면 또 그들의 부모 입장이라면 어떨까 하고 생각하지 않을 수 없다.

그럼에도 불구하고 교수는 모든 학생에게 가능한 한 공정하고 공평하게, 또 학교가 정한 규정과 규칙에 따라 성적을 줄 수밖에 없다. 모든 학생을 다 만족시킬 수는 없다. 또 그런 기대를 해서도 안 된다.

교수가 최대한 공정하고 공평하게 성적을 처리해야 하는 것은 물론이고, 여기에 더하여 생각해 봐야 하는 중요한 이슈가 하나 더 있다. 그것은 '세상에 비밀은 없다'는 것이다. 최종 성적을 학생들 개개인의 사정에 따라 교수가 마음대로 바꿔주기 시작하면 판도라의 상자가 열린다는 사실이다.

성적을 바꿔 준 학생은 영원히 입을 다물고 있을 수가 없다. 어떤 식으로든지 다른 학생들이 알게 되기 마련이다. 성적을 바꿔 준 학생보다 더 심각한 상황에 처했으나 감히 성적을 올려

달라고 말을 꺼내지 않은 학생들도 이제 성적을 올려달라고 할 것이다. 그렇게 되면 누구 성적은 올려 주고 누구 성적은 올려 주지 않을 수 있겠는가? 사정만 잘 하면 성적 올려 주는 교수로 낙인 찍히고 호구가 되는 것은 한순간이다.

교수로서 또 심리 상담 전문가로서 사람들을 많이 만나고 대하다 보니 나도 모르는 사이에 습관이 하나 생겼다. 그것은 특히 내 연구실에서 일대일 미팅을 하거나 학생을 만나거나 상담할 때 나에게 주문을 외운다는 것이다. 나 자신에게 "지금 내가 하고 있는 모든 말과 행동이 전 세계에 생중계된다."라고 얘기한다.

실제로 나는 내 연구실에 생중계 카메라가 달려 있다고 생각하고 살고 있다. 이렇게 생각하는 것이 내가 말하고 행동하는 데 도움이 되고 결국 상대방에게도 나쁘지 않다는 판단에서이다. 이런 생각에는 오랜 시간 동안 사람들을 대하고 가르치고 상담해 오면서 얻게 된 나름의 삶의 노하우가 있다고 할 수 있다.

내가 불특정 다수에게 노출되어 있다는 생각은 나로 하여금 가능한 한 투명하고 책임 있게 행동할 것을 독려한다. 또한 종교인의 입장으로는 우리가 하는 모든 일을 신이 보고 계신다는 어떤 절대자의 임재를 의식하고 사는 삶이기도 하다.

당장 오늘만 해도 '단독' 기사라고 하면서 나온 기사가 세 군데의 다른 뉴스에서도 똑같이 다루어졌다. 단독 기사의 정보를 받은 기자는 그것이 비밀리에 나에게만 전달되었다고 생각했겠지만 실은 이미 다른 기자들에게도 정보가 모두 노출되었다는 얘기다. 세상에 비밀은 없다.

'비밀은 없다'는 것은 어떻게 보면 너무 식상하고 누구나 다 아는 사실이다. 그러나 우리의 크고 작은 일상과 현실 속에서 비밀은 없다는 사실 혹은 상식을 간과해서 일어나는 일은 생각보다 많고 심각할 수 있다.

한 예로 부동산 관련 공무원이 앞으로 어느 지역이 개발되어 돈이 될 것이라는 중요한 비밀을 측근에게 누설하고 다닌다면 어떻게 되겠는가? 투기판이 벌어질 것이고 금지된 비밀을 공유받은 소수만 배를 채울 것이다. 또한 비밀을 알지 못했던 수많은 선량한 사람들에게 허탈감과 배신감을 안겨 줄 것이다.

비밀 유지는 상담에 있어서 매우 중요하다. 모든 상담 기관이나 센터가 다 동일하지는 않겠지만, 처음 상담을 시작할 때 상담자와 내담자가 상담 계약서에 서명부터 한다. 상담 계약서에는 여러 가지 지켜야 할 사항 중 상담 내용을 비밀로 한다는 내용이 있다. 그것의 한 가지 예외는 내담자가 자신이나 타인을 해치려는 의도가 있다는 판단이 있을 때이다.

그 경우를 제외하고는 상담 내용을 발설하면 안 된다. 상담자는 상담의 모든 내용을 자기 안에 혼자 간직해야 한다. 그런 의미에서 상담을 한다는 것은 상담자에게 스트레스를 줄 수 있는, 결코 만만한 행위가 아님을 알 수 있다.

"좋은 평판을 쌓는 데는 20년이 걸리지만 그것을 잃는 데는 5분이면 족하다."

미국의 기업인이자 투자가인 워런 버핏(Warren Buffett, 1930~)이 한 말이다. 이것은 몇 년 전 도박 등의 불법 행위로 실형을 살게 된 어느 유명한 연예인 관련 기사 제목인 <세상에 비밀은 없다. '인성 리스크'도 관리하자.> 밑에 쓰인 첫 문장이기도 하다. 버핏은 이 문장에 바로 이어서 "만약 당신이 그것을 생각한다면 당신은 다르게 행동할 것이다."라고 덧붙였다.

세상은 냉정하다. 누군가가 좋은 평판을 쌓아 올리는 데 들인 20년간의 수고와 노력에 대해서는 그 누구도 진심 어린 박수를 쳐 주지 않는다. 너무나 당연한 노력이라고 생각하기 때문일 것이다. 반면에 그 사람이 실수로 한번 넘어지면 그것은 치명타가 되고 사람들은 그것을 용서하지 않는다. 특히 지도자의 위치에 있거나 대중의 관심과 스포트라이트를 받는 사람일수록 더욱 그러하다.

이처럼 대중의 시선과 관심 안에 있는 사람들은 한순간도 방심해서는 안 된다. 어디서 무엇을 하든지 항상 발꿈치를 들고 발끝으로 걷는 것처럼 살아야 한다. 이러한 타인들의 시선이 불편하다면 가능한 한 눈에 띄지 않게 살면 된다. 여하튼 리더이든 아니든 가능한 한 입을 다물고 조심해야 한다는 말이다. 물론 그렇게 할 수 있고, 또 그렇게 하는 것이 가치 있다고 생각한다면 말이다.

영국 인지심리학자 피터 웨이슨(Peter Wason, 1924~2003)이 만든 확증 편향(confirmation bias)이라는 심리학 개념이 있다. 이것은 정보를 찾고, 해석하고, 선호하며, 기억하는 경향이 자신의 기존 신념이나 가치관을 확인하거나 지지하는 방향으로 작용하는 현상을 의미한다.

우리는 우리가 이미 믿고 있는 것을 뒷받침해 줄 정보에 무의식적으로 더 끌리고, 그것을 찾고, 중요하게 여기며, 기억하는 경향이 있다는 것이다. 이러한 정보는 한번 들어오면 제거하기가 어렵다.

확증 편향은 사람들이 비밀을 유지하기 어렵게 만든다. 예를 들어, 어떤 살인자가 자기가 살인자라는 사실을 아무도 모르는 비밀로 혼자 알고 있다고 치자. 그런데 이 살인자는 끊임없이 신문이나 TV 뉴스 혹은 인터넷 등을 통해 자신의 행동을 정당화하는 정보를 찾게 될 것이다. 이러한 확증 편향적인 행동으로 인해 그 사람이 살인자라는 비밀이 노출될 가능성이 높아진다. 만약 동료가 그 사람의 컴퓨터에서 '정당방위로 풀려난 살인자'라는 인터넷 검색어를 우연히 발견한다면 그 동료는 그 사람을 의심할지도 모른다.

중요한 국가 행사나 온 국민이 지켜보는 공적인 모임 등에서 마이크가 꺼진 줄로 착각하고 어느 특정 인물이나 집단에 대해

해서는 안 될 말을 하는 바람에 곤욕을 치르는 경우를 종종 볼 수 있다. 요즘은 무서운 세상이다. 통신기기와 인터넷과 소셜미디어의 발달로 사적인 생활이 자기도 모르는 사이에 노출되어 피해를 보는 사례가 드물지 않게 일어난다.

 사람을 불신하고 부정적이고 비관적인 태도로 세상을 살아야 할 필요는 없다. 노이로제에 걸린 사람처럼 살자는 것은 더더욱 아니다. 그 누구도 나를 보호해 줄 수 없고 또 그렇게 하지도 않으니 내가 정신 차리고 스스로 앞가림하지 않으면 안 된다는 것이다.

 세상천지에 영원한 비밀 같은 것은 없다. 세상에 비밀은 없다는 중요하고 강력한 사실을 내 의식에 담고 산다는 것은 나를 더 겸손하고 안전하게 만들 것이다.

 혹시 당신은 누구에게도 말할 수 없는 비밀을 가슴속에 간직하고 있는가? 그것으로 인해 약간의 불편함 내지는 불안감을 경험하고 있는가? 비밀의 성격과 중요성은 천차만별이겠지만 당신 혼자만 간직해야 하는 비밀이라면 끝까지 가슴 맨 밑바닥에 꽁꽁 숨기는 것이 외부로 발설하는 것보다 훨씬 나을 수도 있다.

session 7

불안과의
조화로운 동거

타나토스

2000년도 초였던 것 같다. 미국 뉴욕에서 캘리포니아 집으로 돌아오는 비행기가 착륙을 준비하고 있었다. 그때 비행기 기장이었는지, 누군가가 방금 미국이 이라크를 침공하기 시작했다는 뉴스를 기내 방송을 통해 전해주었다. 그 당시에는 지금처럼 인터넷이 활발하게 사용되지 않았다. 그것은 엄청난 뉴스였고 비행기 안이 어수선해지기 시작했다.

이윽고 비행기는 목적지에 무사히 착륙했고 사람들이 비행기에서 내리기 시작했다. 그런데 내 옆에 갓난아기를 안고 앉아 있던 젊은 백인 여성이 내리기는커녕 흐느껴 울고 있는 것이 아닌가?

나는 막 승강구를 향해 발걸음을 옮기려는 참이었으나 우는 여성을 차마 혼자 둘 수가 없어서 다시 자리에 앉았다. 그리고 혹시 내가 도움을 줄 수 있는지를 물었다.

그녀는 결혼하고 첫아이를 낳은 지 얼마 되지 않은 새댁이었다. 남편은 군대에 가 있는데 지금 미국의 이라크 침공 소식을 들은 것이다. 그녀는 그 소식에 너무 놀라서 그대로 좌석에 앉은 채 아기를 안고 울고 있었다.

그녀는 무척 불안해 보였다. 남편이 최전방에 있기 때문에 이라크에 제일 먼저 도착해서 전쟁에 투입될 것이라고 했다. 방금 착륙한 비행기 안에서 그녀를 위해서 내가 할 수 있는 것이 아무것도 없었다. 그녀에게 해 줄 위로의 말도 딱히 생각나지 않았다. 우선 나는 불안에 사로잡힌 그녀 옆에 잠시나마 함께 있어 주기로 했다. 그리고 갓난아기를 안고 하염없이 눈물을 흘리고 있는 그녀에게 내가 해 줄 수 있는 것을 한 가지 생각해 냈다.

혹시 함께 기도하는 것은 어떻겠냐고 했더니 그녀가 좋다고 고개를 끄덕였다. 남편의 이름을 알아낸 후 그 이름을 부르면서 기도했다. 그녀의 남편 잭(Jack, 가명)을 전쟁터에서 지켜 주시고 속히 가족의 품으로 안전하게 돌아올 수 있게 도와주시라고 간절히 기도했다.

그 상황에서 그녀의 불안을 잠재울 다른 방법이 없어 보였다. 함께 손을 잡고 신께 간절히 기도하는 수밖에.

유한하고 불완전한 우리는 이 세상을 살면서 무수히 많은 불안을 경험한다. 강도의 차이는 있겠으나 불안은 인간의 기본적인 감정 중 하나이다. 비행기 안에서 울던 젊은 새댁은 전쟁터로 막 파병된 남편의 안전을 확신할 수 없기 때문에 불안할 수밖에 없었다.

내가 살면서 가장 불안했던 순간 중 하나는 지진이 일어났을 때였다. 나는 캘리포니아에 살면서 수시로 크고 작은 지진을 경험했다. 샌앤드레이어스(San Andreas) 단층은 미국 캘리포니아주의 서남쪽에 위치한 1,300km 길이의 지진대이다. 북쪽에서 남쪽으로 이어지는 해안대를 따라 이루어진 지진대이고 샌프란시스코와 로스앤젤레스를 포함하고 있다. 지진은 나의 삶의 일부였다.

지진이 일어나면 피할 길이 없다. 땅이 흔들리고 건물이 움직이는데 어디로 도망을 간다는 말인가? 비행기를 타고 공중에 떠있지 않는 이상 고스란히 지진에 내 몸을 맡길 수밖에 딴 도리가 없다. 보통은 지진이 일어나기 직전에 마치 군대가 달려오는 것처럼 음흉하고 무언가 웅웅거리는 것 같은 기분 나쁜 소리가 들려오기 시작한다. 그러면 나는 "아. 또 저 소리"라는 혼잣말과 함께 밀려드는 불안감을 나의 모든 세포와 신경으로 맞이하고 경험한다.

하루는 아침에 일어나서 침대 위에서 기도하고 있었다. 얼마 후 눈을 떠 보니 내가 침대 옆 카펫 바닥에 내려와 앉아 있는 것이 아닌가? 지진이 나서 지반이 심하게 흔들리는 바람에 침대에서 떨어진 것이었다. 그날 지진의 강도는 7(매우 강함) 이상이었던 것 같다. 캘리포니아 남가주(Southern California)에서 그렇게 강한 지진이 일어난 것은 내 경험으로는 처음이었다.

지진의 진원지가 마침 우리 집 근처였기에 지진의 강도는 엄청났다. 그날 밤에 수십 번 혹은 수백 번의 여진이 있었다. 여진은 큰 지진이 일어난 후에 발생하는 작은 지진을 의미하는데 모든 여진이 우리에게 감지되는 것은 아니다.

밤에 자다가 여진으로 침대가 좌우로 흔들리면 또 여진이구나 하고 그냥 잔다. 내 여동생은 여진 때문에 한밤중에 침대가 흔들리면 가끔 베개를 들고 복도를 돌아 살짝 내 방으로 들어와서 내 침대를 점령(?)했다. 그렇게 여동생은 하나뿐인 언니 곁에 누워서 지진의 무서움과 불안을 가라앉히곤 했다. 지진은 그렇게 인간에게 완전한 무력감과 불안감을 가져다준다.

인지행동치료(CBT: Cognitive Behavioral Therapy)는 여러 가지 정신건강 문제를 단기간에 해결하는 데 도움이 되는 치료법 중 하나이다. 특히 불안장애 치료에 매우 효과적인 것으로 잘 알려져 있다. 생각과 행동을 바꿈으로써 정신적인 문제들을 완화하고 관리할 수 있도록 도와주는 치료 방법이다. 행동심리학과 인지심리학, 이 둘을 결합한 대화치료(talk therapy)의 한 형태이기도

하다.

이라크에 파병된 남편 잭의 안전이 걱정되어서 불안감에 떨었던 비행기 안에서 만난 새댁에게는 인지행동치료를 이렇게 적용할 수 있다.

우선 실제 통계 자료를 바탕으로 그녀가 남편의 무사 귀환의 비율을 현실적으로 인지하고 이해하도록 해서 불안을 어느 정도 해소할 수 있도록 돕는다. 동시에 그녀의 에너지와 시간을 자신에게 주어진 일상에 더욱 잘 사용할 수 있도록 구체적인 방법들을 함께 강구해 나갈 것이다. 예를 들어서 아기를 잘 돌보고 종교활동이나 봉사활동에 참여하면서 걱정하고 불안해하는 시간을 줄이고 주어진 현실에 최선을 다할 수 있는 스케줄과 환경을 만들어 볼 수도 있다.

인지행동치료의 창시자인 미국의 정신과 의사 아론 벡(Aaron Beck, 1921~2021)의 저서 《우울증: 원인과 치료(Depression: Causes and Treatment)》는 인지행동치료의 교과서 역할을 한다. 정신건강 문제의 해결을 위해 정신분석학이 무의식에 중점을 두는 것과는 거리가 있다. 인지행동치료는 문제 자체에 초점을 맞추고 해결책을 찾는 직접적인 행동지향적 치료 기법이다.

킹던(David Kingdon)과 털킹턴(Douglas Turkington)은 1994년에 출간한 그들의 저서 《조현병의 인지행동치료(Cognitive Behavioral Therapy of Schizophrenia)》에서 인지행동치료가 취약한 자아기능

(ego-functioning)을 인지하고 그 자아기능을 강화해 주는 접근 방식이라고 주장한다.

최근에 우울증과 불안감을 호소하는 외국인 대학원생 모니카(Monica, 가명)를 상담한 적이 있다. 공부도 공부지만 우선 잠도 못 자고 밥도 잘 못 먹는 등 스트레스가 이만저만이 아니었다.

"우리 과 모든 학생이 저보다 공부도 잘하고 논문도 더 잘 쓰는 것 같아요. 왠지 저만 뒤처지는 것 같은 불안감이 순간순간 밀려와서 저를 삼키려고 해요. 살도 자꾸 빠져요."

원래 모니카는 키가 큰 편인데 볼 때마다 더 야위고 키가 커지는 것 같아서 나도 걱정하곤 했다.

마침, 그녀의 한국 주치의인 정신과 교수님께 전화가 와서 그녀의 케이스를 심도 있게 의논한 적이 있다. 효과적인 치료를 위해서 약 복용도 잘 해야 하지만 정기적인 심리 상담을 통해 인간의 생존에 기본적이고 중요한 요소인 음식 섭취와 수면 등을 계속 모니터링하는 것에도 초점을 두기로 했다.

"어젯밤에 잠은 잘 잤나요? 몇 시간의 수면을 취했는지요? 세 끼 식사는 잘 하나요? 몸무게는요? 화장실은 잘 가나요? 일주일에 몇 번을 가나요?"

너무 개인적이고 프라이버시를 침해하는 것처럼 보일 수도 있지만, 상담에서 빠질 수 없는 것 중 하나가 인간의 생존에 꼭 필요한 기본적인 기능을 잘 하고 있는지를 체크하는 것이다. 물론 내담자에 따라 그 강도의 차이는 있으나, 나는 특히 상담할 때마다 초반에 수면, 식사, 용변 등을 꼼꼼하게 체크하는 편이다. 못 자고, 못 먹고, 오랫동안 화장실을 가지 못하면 그 어떤 사람도 예외 없이 우울증과 불안감 등의 정신적 이상을 경험할 수밖에 없을 것이다.

불안감은 마치 탈출구가 보이지 않는 끊임없는 흔들림과 같다. 인간의 힘으로 정확히 예측할 수도 컨트롤할 수도 없는 지진 같은 것이다. 불안의 근원지를 확실하고 속 시원하게 꼭 집어낼 수 없는 경우도 허다하다.

과학의 비약적인 발전에도 불구하고 시시때때로 불안하고 안절부절못하는 것이 우리 인간의 마음이다. 수시로 우리 마음을 휘저어 놓는 불안을 과연 어떻게 잠재울 수 있을까? 불안의 뿌리를 찾는 과제의 일환으로 좀 더 원초적이고 기본적인 인간의 정신세계로 들어가 보자.

오스트리아의 심리학자이며 정신분석학 창시자인 프로이트(Sigmund Freud, 1856~1939)의 1920년 에세이 《쾌락 원리의 저편(Beyond the Pleasure Principle)》은 심리학의 충동론 또는 동인이론(drive theory)에서 새로운 충동 개념을 소개했다는 점에서 그의 심리학 이론의 전환점이 되었다.

그전까지 프로이트는 인간의 본능은 쾌락을 추구하고 고통을 최소화하려는 '쾌락 원리(pleasure principle)'에 의해서 작동한다는 것에 초점을 두었다. 그런데 《쾌락 원리의 저편》에서 그는 쾌락 원리와 함께 존재하는, 죽음을 추구하는 무의식적인 욕구인 '죽음 원리(death principle)' 혹은 '타나토스(Thanatos)'를 소개했다.

영국의 정신분석가 안소니 스토어(Anthony Storr, 1920~2001)는 그의 책 《프로이트: 간단한 개요(Freud: A Very Short Introduction)》에서 죽음 본능을 내적으로, 또 외적으로 모든 자극이 멈추는 영원한 평안에 이르기를 추구하는 인간의 욕구라고 서술하고 있다. 즉 죽음 본능은 우리가 인식하고 있든 아니든(우리도 모르게) 우리에게 내재된 영원한 안식에 대한 갈망에서 나온다는 것이다.

모든 불안의 밑바닥에는 죽음이 자리하고 있을 가능성이 크다. 그렇다면, 혹시 인간 내면 깊숙이 숨어있는 영원한 평안을 추구하는 프로이트의 '죽음 원리'를 이해하면 불쑥불쑥 시도 때도 없이 나타나서 우리를 괴롭히는 불안감을 잠재우는 데 도움이 되지 않을까? 인간은 어차피 모두 죽음을 향해 달려가고 있으니 말이다.

불안을 없애기 위한 일반적인 방법으로 운동, 충분한 수면, 긍정적인 인간관계, 명상 등을 권장한다. 프랑스의 법률가이자 철학자인 몽테스키외(Montesquieu, 1689~1755)의 명언 중 하나인 "한 시간의 독서로 떨쳐낼 수 없는 불안감은 없다."와 같이 독서를 통해 불안을 진정시킬 수도 있을 것이다.

또 어떤 이들은 불안의 원인과 근원을 찾을 수 있다면 그것들을 극복하기 위해서 직접 체험해 볼 것을 제안하기도 한다. 예를 들어서 고소공포증이 있는 사람이 점차 조금씩 높은 곳에 올라가 보는 시도를 함으로써 고소공포증에 대한 불안을 해소할 수 있다는 것이다.

불안을 잠재우기 위해서 나는 또 다른 두 가지 구체적인 방법을 제안한다.

첫 번째는, 불안감은 유한하고 불완전한 인간의 기본값(default) 상태임을 인정하는 것이다.

개인에 따라 정도의 차이는 있겠지만 남녀노소, 부와 지위 등 그 무엇과도 무관하게 이 세상에 존재하는 모든 사람이 경험하는 자연스럽고 흔한 감정 중 하나가 바로 불안감이다.

불안감이 전 세계적이고 보편적인 인간의 감정이라는 것을 인지하게 되면 나 개인의 불안감은 더 이상 나만의 고유한 것이 아닌 인류 공동체 모두가 함께 경험하는 일반적인 것임을 깨닫게 된다. 물론 불안의 종류와 강도는 사람마다 다를 수 있겠지만 말이다. 그러면 나의 불안감이 지구에 존재하는 80억 명 사람의 불안감과 합류되면서 견뎌내기가 좀 더 수월해질 수 있을 것이다.

불안감을 극복하는 두 번째 방법은 모든 불안 심리의 맨 밑바닥에 자리한 죽음을 인지하고 그것과 맞닥뜨리는 것이다.

전쟁터에 나간 남편으로 인해 새댁이 불안해하는 것도 전쟁터에서 남편이 혹시 전사할지 모른다는 생각에서 비롯된 것이라고 할 수 있다. 지진으로 인한 나의 불안감 또한 결국 지진으로 죽을 수 있다는 죽음에 대한 두려움과 직결되어 있다. 캘리포니아주에서 큰 지진을 경험하고 난 뒤 나는 처음으로 나의 죽음과 사후에 대해 심각하게 고민했었다.

모태 신앙인(어머니 뱃속에서부터 종교를 접하고 전수받은 사람)으로서 교회도 부지런히 다니고 신앙생활을 열심히 했음에도, 대지진을 경험했던 그날 만약 내가 죽었다면 기독교에서 얘기하는 천국에 갈 자신이 없었다. 무엇보다도 하나님과 천국이 진짜 존재하는지도 의심스러웠다. 그렇게 나는 나의 죽음과 사후세계에 대한 불안감을 놓고 하나님과 씨름을 시작했다.

시간이 날 때마다 나는 하나님과 대화를 나눴다.

"하나님. 당신은 정말 살아계신가요? 살아계신다면 저를 만나주세요. 천국은 정말 있나요? 그렇다면 그것을 믿게 도와주세요."

그리고 그해 여름 청소년 캠프에 가서 목사님의 설교를 듣고 기도하면서 나는 하나님과 함께함을 경험했고 죽음에 대한 불안을 많이 털어낼 수 있었다.

불안과 죽음에 대한 공포를 잠재우는 방법은 여러 가지가 있을 수 있다. 인지행동치료를 통해 생각과 행동에 변화를 줌으로써 정신적인 고통과 어려움들을 극복하고 이겨낼 수 있다. 아니면 신이 존재할 가능성과 그렇지 않을 가능성이 확률적으로 각

각 50%라고 가정하고 혹시 존재할지 모를 신과 의논해 보는 것도 하나의 방법이 될 것이다. 신이 진짜 존재한다면 그 신은 적어도 어떤 방법을 동원해서라도 우리를 만나 줄 것이고 우리의 불안을 어느 정도 잠재워 줄 것이기 때문이다.

혹시 당신이 지금 어떤 불안을 경험하고 있다면, 지구상에 존재하는 모든 사람이 나름의 불안을 안고 공부하고, 일하고, 사랑하고, 싸우고, 결혼하고, 자식도 낳으며 살고 있다는 것을 기억하자. 거대한 인류의 한 멤버로서 약간의 위로를 받을 수 있을지도 모른다. 또는 모든 인류의 운명이자 마지막 종착지 혹은 미지의 세계로의 출발지인 죽음에 관해 심도 있는 진지한 생각과 명상을 해 보자. 어쩌면 이러한 과정을 통해 베일에 싸였던 죽음이 좀 더 이해되거나 덜 생소해지면 그것이 만들어낸 불안감도 조금씩 옅어질 수 있을지 모른다.

session 8

다른 사람들이 이겨도
내가 즐거운 이유

열등감 콤플렉스

막내 조카 소피아(Sophia, 가명)는 어릴 때 이모인 나와 팔씨름하는 것을 즐겼다. 승부욕이 강한 그녀는 자꾸만 이모인 나에게 팔씨름을 하자고 조르곤 했다. 우리는 한 판에 1달러(한화 약 1,300원)를 걸고 팔씨름을 했는데 매번 소피아가 이겼다. 나는 으레 깨끗한 1달러 지폐 여러 개를 미리 준비했었다.

온몸을 던져 세상에서 제일 예쁘고 토실토실한 손으로 팔씨름에 열정을 쏟아부은 소피아는 한 번에 4~5달러를 상품으로 가져갔다. 그녀는 이길 때마다 마치 온 세상을 다 얻은 것처럼 크게 환호성을 지르고 폴짝폴짝 뛰면서 기뻐했다. 반면 패자인 나는 애써 가짜 눈물까지 흘리며 세상에서 가장 실망한 표정을 짓는 연기를 하느라 애를 먹었다.

수년이 지난 어느 날 소피아는 고개를 갸우뚱거리며 나와 어른들에게 물었다. 어릴 때 팔씨름에서 어린아이였던 자기가 성인인 이모를 어떻게 매번 이길 수 있었는지가 의문이라고 했다. 우리는 애매하게 웃기만 하고 명확한 해답을 준 적이 없다. 그러나 소피아도 속으로는 알고 있었을 것이다. 왜 어른인 이모가 팔씨름에서 매번 어린 조카에게 질 수밖에 없었는지를. 나는 사랑하는 조카 소피아가 팔씨름에서 이모인 나를 이기고 상품으로 1달러를 가져가고 그토록 기뻐하는 것을 보는 것만으로도 충분히 행복하고 흐뭇했다.

어느 시사 교양 프로그램에서 평생 농사를 지으신 농부 할아버지께서 하신 이야기가 잊히지 않는다. 고추 농사가 힘들다고 하시면서 고추 한 개를 얻는 데 사람 손이 총 80번 간다고 하셨다. 그런데 밤이고 낮이고 짐승들이 내려와 농작물을 따 먹고 가는데 그냥 놔두는 수밖에 딴 방법이 없다는 것이었다. 결국 산짐승이 1kg, 땅 주인이 1kg, 그리고 농부인 자기가 1kg 그렇게 셋이 사이좋게 농작물을 나눠 먹는다고 하셨다.

그 농부 할아버지는 평생 땅을 일구시면서 다른 사람들이 이기게 놔두는 것의 비밀을 알고 계시지 않았나 싶다. 물론 이 경우 어쩔 수 없이 져주어야 하는 대상은 사람이 아닌 짐승들이긴 하지만 말이다. 실제보다 좀 더 연세 들어 보이는 농부 할아버지의 검게 그을리고 주름도 깊게 팬 얼굴 안에 숨겨진 너그러움과 배려심 그리고 소소한 만족감을 훔쳐볼 수 있었다.

경쟁 사회에서 이기는 것은 결코 나쁜 것이 아니다. 어쩌면 우리가 지향해야 하는 건설적인 삶의 자세일 수도 있다. 승리의 기쁨은 최선을 다해 열심히 살게 하는 원동력과 자극이 된다. 학교든 직장이든 혹은 투자의 세계든 상관없이 땀과 노력의 대가로 이기면 좋은 것이 맞다. 그러나 어떨 때는 이겨 놓고도 승리의 기쁨보다는 왠지 모를 불편함과 찜찜함을 경험하기도 한다. 바꿔 말하면 다른 사람이 이기는 것이 오히려 나에게 즐거움이 되는 경우도 있을 수 있다는 것이다.

알프레드 아들러(Alfred Adler, 1870~1937)는 오스트리아의 정신의학자이며 개인 심리학(individual psychology)의 창시자이다. 개인 심리학은 공동체나 단체보다 개인에 초점을 맞춘 심리학이 아니다. 인간을 기계처럼 분석 혹은 분해해서 보는 대신 온전한 하나의 전체로 봐야 한다는 주장이다.

아들러의 중요한 개념 중 하나는 열등감 콤플렉스(inferiority complex)이다. 열등감 콤플렉스는 우리가 끊임없이 자신의 부족함이나 무능함(inadequacy)과 낮은 자존감(insecurity)을 느끼는 것을 의미한다. 이는 자신이 육체적으로, 정신적으로 혹은 그 외 여러 가지 면에서 다른 사람들보다 열등하고 못하다는 생각에서 비롯된다. 이러한 열등감 콤플렉스는 합리적이고 이성적인 판단과는 무관하게 일어나는 현상이다.

어릴 때 비판적인 부모님으로부터 다른 형제들과 많이 비교당하면서 자란 것이 열등감 콤플렉스의 중요한 이유가 될 수 있다. 신체적 혹은 정신적 한계를 가졌다거나, 사회적으로 낮은 계층에 속하기 때문에 동료들로부터 불이익을 당한 경험 또한 열등감 콤플렉스의 원인이 되기도 한다. 이러한 열등감 콤플렉스는 사람들과의 경쟁을 부추기거나 꼭 이겨야 한다는 부담감을 불러일으킬 수도 있다.

아들러는 유대인 부모님의 일곱 자녀 중 둘째로 태어났다. 그는 자라나면서 지속적으로 큰형과 라이벌 관계에 있었다. 이것은 어머니가 자기보다 큰형을 더 사랑한다고 생각한 것에서 비롯되었다.

그는 아기 때 구루병(뼈 발육 장애)을 앓아서 네 살 때까지 걷지 못했다. 게다가 네 살 때는 폐렴을 앓았는데 그때 의사가 아버지에게 가망이 없다고 한 이야기를 엿듣기도 했다. 그는 차에 두 번이나 치이기도 했으며, 세 살 때 같은 침대에 누워 있던 동생의 죽음을 경험한 탓에 질병에 대한 인식이 죽음에 대한 두려움으로 이어졌다.

아들러의 이러한 삶의 배경과 경험들이 그가 심리치료사가 되고, 열등감 콤플렉스 개념을 발전시키는 데 중요한 역할을 했다고 볼 수 있다. 아들러에 의하면, 모든 사람이 다 나름대로 열등감 콤플렉스를 가지고 있다고 한다.

　열등감은 건강하고 정상적인 성취를 위한 노력과 발전의 자극제 역할을 한다. 그러나 열등하다는 느낌이 자신을 압도하게 되면 병리적인 상태가 된다. 사람을 우울하게 하고 앞으로 발전해 나가지 못하도록 무능하게 만든다.(Alfred Adler, 2013)

　열등감 콤플렉스를 과도하게 보상하기 위해서 사람들은 여러 가지 행동을 취한다. 다른 사람들보다 자신이 우위에 있다고 느끼기 위한 하나의 방법으로 자신의 성취나 소유물에 대해 허풍을 떨거나 자랑을 늘어놓는다. 혹은 자기가 강하고 통제권을 가지고 있다는 것을 과시하기 위해서 공격적으로 행동하거나 다른 사람을 따돌리기도 한다. 아니면 학업이나 일 등 모든 면에서 완벽을 추구하고 자신을 심하게 몰아붙이기도 한다. 열등감 콤플렉스의 부작용과 연관된 과잉 성취욕과 경쟁력은 다른 사람들을 앞서고 이기는 것에 우리의 소중한 에너지를 쏟아붓거나 심지어 낭비하게 만들기도 한다.

　나의 가치가 타인보다 우위에 있는가 없는가에 좌지우지된다면 나의 값어치는 타인의 상태나 컨디션에 따라 수시로 변할 수 있다. 즉 나의 능력과 탁월함에 다른 사람들의 재능과 수준을 모두 섞어서 내가 이길 수 있는 함수를 만들어 내야 한다. 내 능력과 최선만이 아닌 타인의 능력과 최선이 나의 승리에 중요한 변수가 된다는 의미이다. 그렇다면 통계적으로 또 논리적으로 항상 우리는 다른 사람들을 이길 수만은 없다는 결론이 나온다.

남을 이기지 못하면 우리 삶은 의미가 없는가? 다른 사람 위에 서 있지 않으면 우리는 만족한 삶을 살 수 없는가? 다른 사람이 나의 보좌를 탈환하는 순간 나는 쓸모없고 가치 없는 사람으로 전락해 버리는가? 우리는 왜 그토록 다른 사람들을 이기려 하는가?

자신감 있고 자기 자신을 편안하게 느끼는 사람일수록 다른 사람들이 이기게 놔두는 것을 두려워하거나 불편해하지 않는다. 내가 조카 소피아에게 팔씨름에서 매번 져 준 것 또한 이와 비슷한 맥락으로 볼 수 있을 것이다. 물론 소피아는 내가 사랑하는 조카이고 또 어린아이라는 점에서 다른 성인이나 나와 비슷한 나이 또래 사람들과의 경쟁과는 다르다.

그러나 삶의 모든 경기를 사랑하는 사람들과 한다고 생각한다면 경기 결과에만 목을 매지 않아도 될 것이다. 경기에 참가한 모든 사람이 서로에게 우호적이라면 경기 과정 자체를 즐기는 것이 가능해진다. 상대방을 나의 적이 아닌 나와 친한 사람 혹은 아군으로 여긴다면 나의 승리뿐만 아니라 그들의 승리 또한 나의 기쁨이 될 수도 있다. 세상 물정 모르는 순진한 사람으로 보인다 할지라도 승패와 관계없이 우리 마음이 더 즐겁고 덜 괴롭다면 이러한 긍정적 마인드셋(mindset)을 가져볼 만하지 않은가?

미국 심리학자 마틴 셀리그만(Martin Seligman, 1942~)은 긍정 심리학(positive psychology)의 창시자이다. 긍정 심리학은 행복과 주관적인 웰빙에 기여하는 조건들로 배우자, 가족, 친구, 동료 그리고 폭넓은 사회적 네트워크와 사회조직의 멤버십, 육체적 운동, 명상이나 기도를 제시했다(Khoa Io Nguyen 외, 2019).

나는 사회적 리더들이 리더의 위치에 있지 않았더라면 훨씬 좋았을 것 같다는 생각을 할 때가 종종 있다. 그렇게 높고 영광스러운 자리를 차지하고 있음으로 인해서 사람들의 지탄의 대상이 되기도 하고 감옥에 들어가기도 하고 심지어 목숨을 잃기도 한다.

물론 그런 것이 무서워서 혹은 최악의 상황을 피하기 위해 경기 자체를 포기하거나 사회경제적 사다리의 높은 위치에 올라가지 말라는 것은 절대 아니다. 단지 삶을 더 즐기고 행복하기 위해서는 때에 따라 져주는 것도 그리고 더러는 다른 사람이 이기게 놔두는 것도 현명하고 지혜로운 삶의 한 방식일 수 있다는 것이다.

오늘도 치열한 경쟁 사회 속에서 당신은 이겼는가, 아니면 다른 사람들이 나를 이기는 바람에 나의 자존감에 상처를 입고 피를 흘리며 고개를 떨구고 있는가?

혹시 나를 이기고 기뻐하는 그 사람을 좀 너그럽고 사랑스러운 눈으로 바라봐 줄 수는 없을까? 다른 승자의 기쁨이 마치 내가 사랑하는 조카의 승리인 것처럼 잠시나마 아무 생각 없이 함께 기뻐해 주는 어리석음(?)과 아량을 베풀어 보는 것은 어떨까? 그래서 나의 입가에도 순진한 웃음이 번져 난다면 누가 나에게 감히 패자라고 할 수 있을 것인가?

session 9

성실함과 꾸준함에
날개가 달릴 때

grit

        연세 드신 부모님이나 조부모님이 계신 집은 약봉지들이 수북이 쌓여 있는 것에 익숙할 것이다. 나이가 들수록 아픈 곳과 그에 따른 약이 늘어만 가니, 언제 어떻게 무슨 약을 복용해야 하는지를 잘 챙겨야 한다. 우리 부모님도 예외는 아니다. 두 분이 각기 다른 약 뭉치들을 나름대로 질서 있게 잘 정리해 놓으셨다.

  부모님께서는 약을 드시는 것도 매일 새벽에 같은 시간에 일어나서서 물 드시고 성경 읽으시고 기도하시고 운동하시는 것과 똑같았다. 부모님은 약 복용 또한 거의 종교의식에 가깝게 정해진 루틴과 스케줄에 따라 한 치의 오차 없이 잘하고 계신다. 부모님께서 스스로 알아서 약을 잘 복용하시니 딸인 나로서는 약을 잘 챙겨 드시는지 신경 쓸 일이 없어 얼마나 다행인지 모른다.

직장 생활을 하시고 사회생활을 활발히 하셨을 때도 부모님은 부지런하셨고 매사에 성실히 최선을 다하셨다. 자동차 운전을 하실 때 차에 기름 넣은 것과 전반적인 차 관리와 관련된 날짜들을 빽빽하고 가지런히 잘 정리해 놓으신 기록을 보고 그 세심함에 깜짝 놀란 적도 있다.

모든 일에 꾸준하고 성실하게 임하시는 부모님의 한결같음이 솔직히 좀 답답하게 느껴질 때도 있었다. 가끔씩 정도를 벗어나 계획에도 없는 엉뚱한 일들을 한번 해 보면 어떨까? 고요하고 안전한 일상의 루틴에서 살짝 벗어나 보는 것이 오히려 삶에 활력소와 재미를 제공해 주지 않을까? 하고 생각했다. 그것은 가 보지 않은 길에 대한 막연한 동경 같은 것이었다.

삶의 방향성도 뚜렷한 목적성도 없이 무개념으로 매일 쳇바퀴 돌듯이 열심히만 살아가는 것의 무모함과 어리석음의 위험성을 얘기하는 사람들도 있을 것이다. 그러나 이 챕터에서 확대해서 들여다보고자 하는 성실함과 꾸준함은 현재 주어진 상황과 삶의 현실 가운데에서 자신과 타인의 유익과 행복을 위해서 인간으로서 최선을 다하는 끈기와 열정 그리고 삶 자체를 보듬어 안는 진실됨을 의미한다.

부모님께서 고수하시는 삶에 대한 기본적인 성실한 태도는 2022년 여름 아버지의 심장 수술과 3개월 넘는 입원 생활을 통해 그 진가를 발휘했다. 생사를 넘나들며 여러 차례 고비를 넘기고 잘 버텨 주신 것 또한 아버지의 부지런함과 열심과 꾸준함이 크게 한몫을 한 것이다.

6시간의 대수술을 마치고 2~3일간은 면회가 되지 않는 중환자실에 계셨다. 심장마비 20%, 뇌경색과 중풍 20% 등의 위험 가능성을 안고도 감행해야만 했던 수술이었다.

수술 다음날 수술을 집도하신 교수님에게서 전화가 왔다. 그날 아침부터 아버지께서 자가호흡을 하시며 옆구리에 있는 호스를 통해 몸 안의 여러 가지 액체들을 밖으로 빼내고 있다고 하셨다. 내일 집중치료실이나 일반 병실로 옮길 수 있을 것 같다는 좋은 소식이었다.

같은 날 오후에 중환자실 간호사에게서도 전화가 왔다. 대수술 후에 흔히 나타날 수 있는 섬망 증세를 보이시니 한번 통화해 보라는 것이었다. 섬망은 수술 후 깨진 신체 리듬과 환경의 급변으로 인해 나타나는 환각, 환청, 비정상적 행동을 말한다. 그 와중에 아버지께서 계속 딸을 찾으신다며 간호사가 아버지를 바꿔줬다. 아버지는 수화기를 통해 혼자 뭐라고 중얼거리며 말씀하셨다. 전혀 알아들을 수 없는 말이었다. 마치 제멋대로 떠다니는 아버지 머릿속의 모든 생각들이 순서도 질서도 없이 술술 풀려서 나오는 것 같았다.

그다음 날인 수술 후 셋째 날 나는 아버지를 일반 병실로 옮기기 위해 중환자실에 들어갔다. 아버지 몸에는 여러 개의 호스가 연결되어 있었고 두 손은 침대 양옆에 묶여 있었다. 간호사들 모르게 아버지가 혹시 자신의 몸에 달린 줄들을 뺄까 봐 그렇게 해 놓은 것이라고 했다. 구순을 바라보는 나의 아버지는 6시간 수술의 긴 터널을 지나 장하고 고맙게 그렇게 살아 계셔 주었다.

서글서글하게 생긴 남자 간호사가 아버지께 "아버님이 그렇게 찾으시던 따님 오셨어요." 했더니 아버지께서 내 쪽을 바라보셨다. 마치 밖에서 놀다가 친구에게 억울하게 얻어맞고 집에 들어온 아들이 엄마 품에 안기는 듯한 표정이었다. 나를 보시더니 자신만만한 표정으로 빠르게 속에 있는 말들을 쏟아 내셨다. 물론 전혀 알아들을 수 없는 말들이었다.

눈으로 침대에 묶인 양손을 번갈아 가리키시면서 간호사들의 못된(?) 행동을 딸인 나에게 고자질하기 시작하셨다. 자신의 손을 침대에 묶어놓은 간호사들을 좀 강하게 호통쳐 달라는 듯했다. 나는 열심히 고개를 끄덕이며 아버지의 말을 하나도 빠지지 않고 다 들었다. 마치 "아니, 도대체 누가 감히 우리 아버지 손을 침대에 묶어 놓아서 아버지를 이렇게 화나게 만들었지? 내가 꼭 찾아서 혼내 줄게요." 하는 표정으로 말이다.

아버지의 고자질이 좀 잦아들기 시작할 즈음 내가 입을 열었다.

"아빠, 정말 불편하셨겠어요. 아무 잘못도 없는데 이렇게 두 손을 묶어 놓았으니 얼마나 억울하셔요? 그런데, 여기 계신 간호사분들이 아마 아버지께서 자기도 모르게 줄을 빼 버리시면 큰일 나니까 어쩔 수 없이 그렇게 하셨나 봐요. 아버지가 너그럽게 이해해 주셔요."

그 이야기를 듣고 있던 마음 좋게 생긴 남자 간호사분이 고개를 끄덕이며 미소를 지었다.

아버지는 3일간 중환자실에서 잘 버티시고 드디어 집중 치료실로, 그리고 나중에 일반 병실로 옮기셨다. 그렇게 어머니와 나 그리고 미국에 사는 여동생이 한국으로 들어와 우리 셋이서 3개월 남짓한 아버지의 병간호를 시작했다.

우리 가족에게 여러 가지 면에서 의미 있고 소중한 시간이었다. 아버지까지 우리 넷이 똘똘 뭉쳐 같은 공간에서 '아버지의 건강과 일상으로의 회복'이라는 한 가지 목표를 향해 으쌰으쌰 힘차게 달리기 시작했다.

아버지는 진통제 등 약물에 취해서 입맛이 하나도 없으실 텐데 코와 옆구리 등에 호스를 주렁주렁 달고 약 1시간에 걸쳐 천천히 식사하셨다. 거룩한 의식이자 주어진 의무인 것처럼 정말 성실하게 가능한 한 많이 드시려는 노력이 역력했다. 옆에서 지켜보는 내가 안쓰러울 정도였다.

나는 어머니와 동생과는 달리 비위가 약한 편이라 병원에서 식사하기가 쉽지 않았다. 시시때때로 헛구역질도 해댔다. 환자인 아버지가 보호자인 나보다 더 씩씩하고 굳세게 병원 생활을 잘 견디고 계셨다.

시간이 어느 정도 지나서 물리치료와 재활운동을 하실 때도 열심과 의지가 여간이 아니셨다. 주말에는 물리치료와 재활운동이 없는 것을 잊어버리셨는지 언제 물리치료를 하냐고 나에게 물으셨다. 아버지의 이야기를 우연히 들은 간호사가 친절하게 휠체어에 무거운 산소통을 달아주면서 병실 복도를 몇 바퀴 돌 수 있게 배려하기도 했다.

최근에 돌아가신 90대에도 현역으로 활동하셨던 여의사 한원주(1926~2020) 선생님은 회복에 있어 환자의 의지가 80% 그리고 치료가 20%라고 하셨다. 그 말씀에 나는 전적으로 동의한다. 나는 아버지 병간호를 하면서 환자 자신의 살고자 하는 의지와 정신력과 함께 매일의 루틴과 스케줄에 따라 생활하는 것의 중요성을 몸소 체험했다.

많은 한국 사람이 세계 곳곳에 퍼져 살고 있다. 한국 사람들은 가는 곳마다 한국인 특유의 열심과 성실함으로 무엇을 하든 좋은 성과를 내고 성공하는 경우가 많다. 이것은 5천 년 역사를 통해 외부 침략 등 험난했던 시간을 겪어 내면서 터득하고 축적한 끈기, 인내심 그리고 강한 의지력의 결과물일 것이다.

미국 펜실베이니아 대학의 심리학 교수인 앤절라 더크워스(Angela Duckworth, 1970~)의 책 《그릿(Grit: The Power of Passion and Perseverance)》은 뉴욕타임즈 베스트셀러 리스트에 21주 동안 올라가 있었을 만큼 유명하다. 저자 더크워스의 핵심 메시지는 학교나 회사 등의 다양한 현장에서 성공하는 사람의 비결은 아이큐(IQ)나 재능보다 목표를 향해 오래 나아갈 수 있는 열정과 끈기라는 것이다.

그릿(grit)은 꿈과 미래를 물고 늘어지는 지구력과 체력이다. 짧은 시간에 이루어지는 것이 아닌 마라톤처럼 꾸준하게 몇 년에 걸쳐 꿈을 실현하기 위해 열심히 노력하는 것을 의미한다.

서울대학교 교수로 재직 중인 김난도(1963~) 교수는 2023년 말에 《트렌드 코리아 2024》를 출간하였다. 그 책의 서문에서 그는 '속도 사회의 새로운 트렌드'로, 분초를 다투며 사는 요즘 사람들의 성향을 '분초 사회'라는 용어로 소개했다. 시간이 돈보다 더 중요한 희소 자원이 되어 분초를 다투며 사는 것을 지칭한다. 요즘 사람들은 '시간의 가성비'를 극도로 중요시한다는 것이다.

이것의 이유는 바빠서라는 것보다 소유 경제에서 경험 경제로 경제의 패러다임이 바뀌면서 시간이 가장 중요한 자원이 되었기 때문이라고 한다. 시간이 있어야 경험 경제가 가능하니 시간의 가성비를 추구할 수밖에 없는 것이다. 시간은 구할 수도,

돈으로 살 수도 없기 때문이다.

성공하기 위해서는 오랜 시간에 걸쳐 열정과 끈기를 가지고 지속적으로 나아가는 꾸준함과 성실함의 끈기 혹은 그릇이 필수이다. 시간의 가성비를 매우 중요하게 여기는 현시대의 '분초사회' 트렌드 속에서 이것을 어떻게 현실화할 수 있는지를 잘 따져봐야 할 것이다. 긴 시간을 녹여 내면서 생성되는 성실함과 꾸준함이 분초를 다투며 살아가는 현대인들에게 과연 어떤 의미를 가질 수 있느냐가 관건이다.

인공지능과 가상 공간 등의 활성화로 인해 우리 삶은 현실 세계와 가상 세계를 넘나들며 어쩌면 더 복잡하고 집중이 어려운 삶을 살고 있는지도 모른다. 성실함과 꾸준함이란 단어들이 주는 단순함과 간단함은 이제 우리에게 소박하고 순진하게 느껴질 수도 있다. 그럼에도 불구하고 우리는 여전히 생로병사를 경험하고, 타인들과 관계를 맺으며 일상을 살아내야 하는 인간임에는 변화가 없다.

생사의 갈림길에 서 계시던 아버지는 끝까지 삶의 끈을 놓지 않고 최선을 다해 성실히 치료받으셨다. 그동안 사시면서 쌓아온 끈기와 노력이 회복과 치유의 좋은 재료가 되었다고 믿는다. 훌륭한 의료진들과 의학의 눈부신 발전의 도움을 받은 것은 말할 것도 없다.

그러나 그 모든 것은 아버지가 자신과의 싸움에서 끈질긴 인내를 통해, 일어설 결심을 한 것에서 시작되었음을 확신한다. 그러한 아버지의 결심을 수술과 회복 기간에도 성실하고 꾸준히 실천해 나간 것이 오늘날 건강을 되찾게 만든 열쇠가 아닐까?

혹시 지금 매일의 루틴과 지속되는 삶의 쳇바퀴 가운데 무미건조함과 단조로움과 지루함을 경험하고 있는가? 일상으로부터의 탈출을 꿈꾸며 현실에 재미를 못 느끼는가? 하지만 현재의 단순함과 반복에서 의도치 않게 파생된 끈기와 성실함이 잘 발달된 근육과 에너지가 될지도 모른다. 혹시 그것이 삶의 큰 전환점을 맞이한 순간에 우리가 꿈꾸던 세계로 인도해 줄지 누가 알겠는가?

session 10

일상의 소중함을
만끽하는 자들의 이득

사회교환이론

어릴 때부터 나는 음식과 먹는 것에 대한 관심이 적어서 늘 부모님께서 걱정하셨다. 지금까지도 내가 부모님 집을 나올 때 잊지 않고 꼭 하시는 어머니의 말씀은 한결같다. "운전 조심해라. 밥 많이 먹고 살 통~통~하게 쪄라."이다. 부모님 눈에는 모든 자식이 허약하게 보이나 보다. 어머니의 그 한결같은 그러나 정겨운 잔소리(?)가 내 가슴에 사무치게 와닿는 순간이 있었다.

오른쪽 어금니와 그 주위를 침범해 오던 물혹과 염증을 들어낸 치과 수술을 받은 후 약 한두 달간은 정상적으로 식사를 할 수 없었다. 거의 매일 죽 같은 유동식만 먹었는데 나중에는 지거워서 토할 것 같았다. 평생 죽만 먹다 지친 사람처럼 유동식이 아닌 정상적인 음식을 먹고 싶어서 눈물까지 날 지경이었다. 내 안에서 맛있는 음식에 대한 욕구가 이렇게 강하게 솟구칠 줄은 미처 몰랐다. 씹기는커녕 수술 부위에 묽은 죽이 닿기만 해도 아프고 따가워서 음식 섭취가 무척 어려웠다. 왼쪽 어금니도 함께 발치했지만 덜 아파서 가능한 한 왼쪽으로 유동식을 몰아 넣어서 대충 우물거린 뒤 삼켰다.

  몇 년이 지난 지금도 나는 음식을 먹을 때 감사 기도를 드린다. 먹고 싶은 것을 아무거나 먹을 수 있는 치아와 건강을 허락해 주신 신께 감사가 저절로 나온다.

  평생을 별생각 없이 먹던 음식을 먹지 못하게 될 때, 그때야 비로소 마음대로 음식을 먹을 수 있다는 것에 고마움을 느끼게 된다. 이것이 우리 인간의 자연스러운 심리이다. 인간의 생명 유지에 가장 기본적인 음식 섭취가 자유롭지 못할 때 느끼는 좌절감은 이루 말할 수 없다. 그럼에도 불구하고 평상시에 음식을 잘 먹을 때에는 그것의 소중함을 잊어버리고 산다. 마치 매 순간 들이마시는 공기의 고마움을 잊고 사는 것처럼 말이다.

  2024년 3월 14일 자 동아일보에 나온 한 기사가 내 눈길을 끌었다. 어릴 적에 소아마비에 걸려서 72년간 철제 인공호흡 장치에서 살아온 폴 알렉산더(Paul Alexander, 1946~2024)가 78세의 나이로 세상을 떠났다는 기사였다.

철제 인공호흡 장치는 목 아래 신체를 철제 용기에 넣고 음압을 간헐적으로 걸어 폐를 부풀게 하는 장치이다. 쇠로 만든 큰 드럼통 안에 몸을 다 집어넣은 뒤 겨우 얼굴만 바깥에 내놓고 생활하는 형국이다.

성장하면서 그가 철제 인공호흡 장치 밖에서 지내는 시간도 조금 늘어났다고 한다. 그는 특수 휠체어를 타고 학교에 다니며 공부했고 대학원을 졸업하고 변호사가 되었다. 법정에 출석할 때는 마비된 몸을 지탱해 주는 특수 휠체어를 사용했고, 집이나 사무실에서는 다시 철제 폐로 들어가서 생활했다.

그뿐만이 아니었다. 그는 입에 펜을 물고 8년에 걸쳐 자서전을 써내는 열정과 끈기를 보여 사람들에게 희망과 감동을 줬다. 그리고 2024년 2월 말 코로나19 양성 판정을 받고 결국 그해 3월 14일 그렇게 우리 곁을 떠났다.

우리는 매 순간 숨을 쉬고 산다. 그렇다고 공기나 몸 안에 있는 폐나 심장을 생각하거나 감사하게 여기지는 않는다. 그러나 철제 인공호흡 장치에 의지해서 70년을 넘게 살았던 폴 알렉산더의 경우는 전혀 달랐을 것이다. 우리에게는 일상인 정상적인 폐의 작동이 그에게는 꿈이고 기적이었을 것이 틀림없다.

그가 단 하루라도 그 지겹고 감옥 같았을 철제 인공호흡 장치에서 벗어날 수 있었다면 얼마나 좋았을까? 자신의 폐로 마음껏 숨을 쉬면서 여자 친구와 공원을 거닐며 아이스크림을 즐길 수 있었다면 그보다 더 행복할 수 없었을 것이다.

신문 기사와 함께 실린 사진에서 말년의 폴 알렉산더는 철제 인공호흡 장치 안에 누워서 얼굴만 내밀고 행복하게 환히 웃고 있었다. 그의 얼굴 바로 옆에는 빨대가 꽂힌 두 개의 음료수 잔과 스크램블드에그 등이 담긴 접시가 놓여있었다.

그는 그렇게 얼굴만 내민 채 고개를 돌려 음식을 먹었을 것이다. 지면과 평행으로 누워있는 그의 몸 안으로 음식이 잘 내려갔을까? 음식은 누가 떠먹여 줬을까? 움직이기가 불편한데 소화는 잘되었을까? 화장실은 어떻게 갔을까?

폴 알렉산더의 이야기가 나에게 더 감동적으로 와닿은 이유는 아마도 나의 아버지 때문이었던 것 같다. 아버지께서는 몇 년 전부터 호흡에 곤란을 느끼셨고 계속 심장약을 드시다가 2022년 여름에 드디어 큰 심장 수술을 받으셨다.

아버지의 연세에 개심술(開心術)을 받는다는 것은 정말 목숨을 건 모험이었다. 가슴 부위를 절개하고 심장을 연 상태에서 심장의 판막 두 개를 새것으로 교체하는 대수술이었다. 선택의 여지가 없이 꼭 해야만 하는 수술이었다. 수술은 약 6시간에 걸쳐 진행되었고 우리 가족은 마음의 준비를 어느 정도 이미 마친 상태였다.

그러나 지금은 우리 가족 모두 심장 수술을 많이 집도하는 것으로 유명하셨던 교수님과 그의 팀과 또 아버지 생명을 연장해 주신 하나님께도 늘 감사하고 있다. 아, 아버지는 그렇게 다시 살아나셨고 지금 우리 곁에서 어머니와 함께 일상을 즐기며 알콩달콩 잘 살고 계신다.

아버지는 요리도 직접 하시고 세탁기로 빨래도 하시고 집 청소도 도맡아 하신다. 연세가 적은 어머니보다 오히려 더 활동적이신 것 같다. 몇 달에 한 번씩 심장 정기 검사를 받으며 잘 지내신다.

앉아서 두 손으로 맛있는 음식을 적어도 하루 두세 끼 먹으면서 이런저런 불평을 늘어놓는 우리는 어떤 심리를 갖고 있는 걸까? 눈에 보이지도 않는 공기를 매 순간 들이마실 수 있도록 내 안에서 끊임없이 작동하는 폐와 심장을 우리는 왜 잊고 사는 것일까?

때론 입맛이 없을 수도, 음식이 입에 맞지 않을 수도 있다. 또 매 순간 폴 알렉산더 같은 사람들을 기억하고 비교하며 살 수도 없다. 그래도 매일의 일상을 한 번씩은 되돌아보고 음미하는 습관을 들이면 어떨까?

미국 조지아주 애틀랜타시에 있는 상담 센터에서 일할 때 유대교 전통 모자 '키파(kippa)'를 항상 착용하고 다니던 유대인 동료 심리 상담사가 있었다. 키파는 보통 우리가 생각하는 빵모자 같은 것이다.

어느 날 내가 여자 화장실에서 나오면서 보니까 그 유대인 상담사 마이클(Michael, 가명)이 식수대 앞에 서서 기도하고 있었다. 그 광경이 나에게 무척 인상적이고 경건하게 느껴졌다. 마이클은 상체를 앞뒤로 약간 움직이면서 나지막이 소리 내어 기도하고 있었다. 그날 슈퍼비전(supervision, 상담 관련 피드백을 주고받는 센터 내 상담가들의 회의)이 끝난 후에 마이클에게 혹시 식수대 앞에서 무슨 기도를 하고 있었는지 물어봐도 되냐고 했더니 그가 기꺼이 설명해 주었다.

그는 유대인은 일상의 삶 가운데 수시로 감사 기도를 드린다고 했다. 화장실에 가서 소변을 잘 보게 해 주신 신께 감사드렸고, 또한 식수대에서 물을 잘 마시게 하신 것에 대해서도 신께 감사하는 기도를 드렸다는 것이다. 유대인 심리 상담사 마이클은 삶의 모든 순간에 자기가 믿는 신을 기억하고 인정하며 살았다. 아울러 그의 일상의 매 순간이 감사로 가득 채워져 있었다.

나는 그의 이야기를 들으며 부러움과 부끄러움을 동시에 느꼈다. 나는 과연 매 순간 내가 사랑하는 하나님을 얼마나 생각하고 그분께 감사하며 살고 있는가? 나는 일상의 소소함 가운데 감사를 느끼고 있는가? 고마움은커녕 작은 일에도 불평불만을 늘어놓고 있지는 않은가?

마이클의 설명을 듣고 나는 그의 얼굴에 왜 항상 미소가 넘쳐 나는지를 알 것 같았다. 30대였던 젊은 그에게서 나는 마치 오랜 세월의 연륜이 주는 것 같은 편안함과 따듯함을 느낄 수 있었다. 그는 푸르른 잎이 무성한 가지를 천지 사방으로 뻗어서 온갖 새들이 앉아서 쉬고 재잘거리며 실컷 놀 수 있는 고목을 연상케 했다. 그의 신에 대한 경외와 일상에서의 감사가 인생 풍파에 지치고 피곤한 모든 사람에게 달콤한 피난처를 제공해 주고 있었다.

조지 호만스(George Homans, 1910~1989)는 미국의 사회학자이자 사회교환이론(social exchange theory) 학자 중 한 명이며 행동사회학(behavior sociology)의 창시자이기도 하다.

사회교환이론은 사회학과 심리학에서 잘 알려진 유용한 이론이다. 비용(cost)과 보상(benefits)을 결정하기 위해서 비용편익분석(cost-benefit analysis)을 시행하는 개인과 집단 간의 상호 작용을 연구한다. 간단히 말해서 사회교환이론은 모든 인간관계와 집단의 상호 작용은 자기 이익을 극대화하고 비용을 최소화하는 것에 초점을 둔다는 것이다.

일상에 감사함을 느끼는 것도 비용과 편익으로 분석해 볼 수 있을 것이다. 예를 들어, 타인에게 전하는 고마움의 표현이라는 최소한의 비용이 인간관계 개선이라는 큰 보상의 결과를 가져온다고 볼 수 있다. 물론 고마움과 감사의 표현이 최소한의 비용인지 아닌지는 따져봐야 할 것이나, 일반적으로 볼 때 우리 안에 감사의 마음을 가지고 그것을 상대방에게 표현한다는 것이 정신적 혹은 물질적으로 엄청난 비용을 초래하지는 않을 것이다.

감사와 사랑을 표현하는 것은 우리가 관계에서 긍정적인 '이익'을 얻고 있음을 의미한다. 이것은 결국 그 관계를 강화하며 더 긍정적인 상호 작용으로 이끈다. 마찬가지로, 우리가 자연과 무생물에 대해 긍정적인 감정을 표현할 때 우리는 그들과의 관계를 강화한다. 이것은 우리 자신의 삶에 미치는 건설적이고 긍정적인 영향으로 돌아온다.

감사와 긍정적인 감정을 표현하는 것은 단순히 타인을 향한 것이 아니라 자신의 삶을 풍요롭게 하는 행위이다. 우리가 주변 세계에 긍정적인 에너지를 투자할 때 그 에너지는 우리에게 돌아와 삶을 더 행복하고 만족스럽게 만든다.

이것은 '상호주의' 혹은 '호혜주의' 원리처럼 서로 주고받는 시너지 효과를 가져온다. 나의 긍정적이고 감사하는 마음이 나에게서 상대방으로 또 그 상대방에게서 다시 나에게로 메아리처럼 되돌아온다.

고마움의 표현이라는 최소한의 비용으로 시작된 긍정적이고 좋은 인간관계로부터 오는 정신적, 심리적 더 나아가 사회적 그리고 어쩌면 미처 생각하지 못했던 경제적인 보상이라는 이익의 극대화는 우리의 상상을 초월할 수 있다.

인생에서 늘 꽃길만 걸을 수는 없다. 삶의 기본인 음식 섭취나 숨을 쉬는 것이 어려워지는 순간도 있다. 삶의 무게가 너무 힘겨워서 그 자리에 풀썩 주저앉을 수밖에 없는 시간을 마주하기도 한다. 그러나 그 어떤 순간에도 우리의 존재는 소중하고 귀하다. 이 땅에서 우리의 존재는 알게 모르게 다른 사람들의 삶과 상관관계를 갖고 있기 때문이다.

'전망이론(prospect theory)'의 핵심 개념 중 하나인 손실회피(loss aversion)는 손실과 이익이 같은 금액이라 할지라도 손실의 심리적 충격이 2~2.5배 더 크다는 것을 증명한다.(Daniel Kahneman 외, 1979)

인간은 이득에 대한 기쁨보다 손실에 대한 고통을 훨씬 더 크게 느낀다는 것이다. 이와 같이 우리의 일상 가운데 경험하는 소소하고 보잘것없이 보이는 작은 기쁨과 행복은 그냥 지나치기 쉽다. 내가 치과 수술을 받은 후 약 두 달간 죽 같은 유동식만 먹었을 때야 비로소 아무 음식이나 마음껏 먹을 수 있었던 평범한 일상에 뼈저리게 감사할 수 있었던 것처럼 말이다.

사람들과의 관계뿐만 아니고 우리가 접하는 모든 생물과 무생물과의 관계 혹은 접촉에서 고마움을 느껴 보자. 그러면 나와 연관되는 모든 상호 작용이 긍정적이고 고무적이며 발전적으로 변한다. 그 태도를 굳게 유지한다면 삶이 훨씬 즐겁고 보람되고 행복해질 것이다. 자, 오늘부터 삶의 모든 면에서 일상 가운데 고마움을 느끼고 표현하는 습관을 길러 보는 것은 어떨까?

For you who wants to live a brighter life

PART 2

서로를 다시 이어보는 믿음

지친 관계를 재설계하는 회복의 심리학

session 11

타인의 감정을 인정하기가
왜 이리 힘들까

이성적 공감

　국제결혼 한 부부를 상담한 적이 있다. 미국 조지아주 애틀랜타시에 있는 상담 센터에서 근무할 때의 일이다. 아내는 한국인이고 남편은 미국인인 중년 부부였다. 자녀들은 모두 성장해서 분가했고 두 부부만 오붓하게 살고 있었다. 겉으로 보기엔 이제 자녀들 다 키워놓고 단출하게 부부 둘이서 서로를 의지하고 알콩달콩 삶을 즐기면 되는 부부였다.
　그런데 의외로 아내 세라(Sarah, 가명)가 남편 톰(Tom, 가명)에 대한 불만이 가득 쌓여 있었고 톰에게 냉담했다. 내 앞 소파에 두 사람이 나란히 앉았는데 세라는 톰과 좀 떨어져서 앉았다. 게다가 몸도 반은 톰 반대쪽으로 향해 있었다.

세라로부터 나오는 시베리아처럼 차가운 공기가 톰을 향해 사정없이 불어닥쳤다. 세라가 쏘아 대는 찬 공기에 톰은 몸을 잔뜩 움츠리고 앉아서 두 손을 무릎 사이에 넣고 자꾸 비벼 댔다. 덩치 큰 톰은 조금씩 오그라들어 마치 비 맞은 생쥐처럼 조용히 벌벌 떨고 있었다.

세라는 학교 담임 선생님에게 잘못한 아들을 데리고 와서 벌 좀 주라고 닦달하는 엄마의 표정으로 눈을 크게 뜨고 상담사인 나에게 일러바치기를 시작했다. 세라의 기가 얼마나 센지 팔걸이까지 달린 묵직한 내 의자가 끊임없이 뒤로 밀려날 정도였다. 세라의 톰에 대한 불만을 간단히 요약하면 아내인 자기에 대한 배려와 사랑 그리고 공감의 부족이었다.

이야기의 발단은 일주일에 한 번씩 부부의 집에 와서 집안일을 해 주는 가정부 노라(Nora, 가명)의 방문이었다. 노라가 오는 날이면 남편 톰은 아침 일찍부터 목욕재계하고 흥분하고 들떠서 노래까지 흥얼거리며 그녀가 오기만을 기다린다고 한다. 톰은 노라가 도착할 즈음에 커피를 내리기 시작해서 노라가 도착하면 바로 그녀 앞에 따끈따끈한 커피 한 잔을 내어놓는다.

문제는 남편이 가정부 노라에게 커피를 대접하는 것이 아니었다. 그렇게 행동하는 남편으로부터 흘러넘치는 노라를 향한 사랑과 애정이었다. 게다가 아내인 세라에게는 맛있는 커피를 권하지도 않는다는 것이었다.

세라는 톰이 아내인 자기에게 커피 한 잔 권하지 않으면서 노라에게만 사랑을 듬뿍 담은 커피를 대접한다고 분노했다. 세라는 톰을 향해 "허니, 나도 커피 좋아해!"라고 여러 번 소리 높여 외쳤다. 그러자 남편인 톰이 더 이상 못 참겠다는 듯이 드디어 입을 열었다.

"세라. 당신은 매일 나와 함께 커피를 마시잖아. 노라는 일주일에 한 번씩 우리 집에 오는 손님이니 그렇게 대접하는 것일 뿐이야."

아, 이 일을 어쩌면 좋은가? 톰의 변명이 세라의 격분에 오히려 더 강렬한 불을 지핀 격이 되고 말았다.

세라는 눈을 더 크게 뜨고 젖은 몸의 물기를 조금 털어 보려고 막 고개를 든 생쥐 톰을 사정없이 찍어 눌렀다.

"허니. 노라 앞에서 그렇게 나를 무시해야겠어? 내가 바로 옆에 앉아 있는데 왜 나를 투명 인간 취급하냐고? 우리 둘이 함께 커피 마시는 건 마시는 거고 노라와 당신 둘이 다정하게 홀짝홀짝 커피 마시면서 왜 나는 끼워주지 않는 거야? 그게 말이 돼?"

그녀의 왕따(?)당한 분함과 서러움 그리고 남편이 자신을 무시한다는 소외감이 활활 타오르는 분노가 되어 세라 자신과 남편 톰 그리고 상담가인 나에게까지 불이 번지고 있었다.

나는 내 몸에 붙은 불을 잠시 끄고 조용히 톰에게 물었다.

"톰. 당신은 이런 세라의 왕따당한 느낌과 소외감, 서운함에 대해 어떻게 생각하세요?"

톰은 아내가 쏟아내는 냉혹하고 차가운 겨울바람과 몸을 태울 것 같이 뜨거운 분노의 불길 사이에서 잠시 주춤했다. 냉탕과 온탕을 오가며 혼란으로 가득 찬 머리를 추스르며 조심스럽게 솔직한 자신의 심정을 털어놓았다.

"허니. 나는 당신이 그렇게까지 서운한 줄은 꿈에도 생각 못했어. 그러면 나한테 말하지 그랬어? 당신에게도 커피를 한 잔 따라 달라고. 그리고 노라와 우리 셋이 함께 커피를 마시겠다고. 허니. 내가 당신 마음을 읽을 수는 없잖아."

그러자 아내 세라가 다른 이야기를 끄집어내며 다시 공격을 시작했다.

"허니. 이번이 처음이 아닌 것 당신도 알지? 며느리가 우리 집을 방문할 때도 당신 그렇게 똑같이 행동하잖아. 며느리에게만 커피를 따라 주잖아. 둘이 커피랑 맛있는 제과점 빵을 먹으면서 나는 무시하고 끼워주지 않잖아."

나는 삐져나오는 웃음을 참느라 생고생을 했다. 부부가 물어뜯을 듯이 싸우면서도 한 번도 빠지지 않고, 서로를 "허니"라고 부르는 것이 재미있고 아이러니하기까지 했다.

재미교포 심리 상담가로서 나는 톰과 세라 둘 다를 충분히 이해할 수 있었다. 그들의 갈등의 중심에는 문화 차이가 한몫하고 있는 것 같았다. 한국은 정이 많은 문화이며, 가정과 집단의 응집력이 미국보다 더 강할 수 있다.

특히 음식과 관련해서 한국은 옆에 사람이 있으면 그가 누구든 상관없이 일단은 권하고 보는 경향이 있다. 혹시 거절한다 해도 적어도 세 번은 권해 본다. 반면에 한국에 비해 집단보다 개인을 더 중요시하는 미국 문화에서는 좀 다르다. 같이 먹자고 제안해도 일단 한번 거절하면 상대방의 의견을 존중해서 더 이상 권하지 않는 편이다.

톰과 세라는 상담을 통해 자신들의 마음을 쏟아놓고 상대방의 입장이 되어 생각해 보려는 노력을 계속했다. 한국과 미국이라는 매우 다른 두 문화를 가진 국제결혼 한 부부의 행복 찾기 수업은 그렇게 지속되었다. 중년의 부부는 밀고 당기며 절실히 그리고 간절히 서로를 이해하고 싶어 했다.

중요한 것은 그들이 서로에게 퍼붓고 불만을 토로하면서도 서로를 끊임없이 "허니"라고 부른다는 것이다. 물론 입에 익어서 습관적으로 그럴 수도 있겠지만 이유야 어찌 되었건 둘은 끝까지 허니라는 애칭 사용하기를 멈추지 않았다. 그것은 나에게 왠지 이 상담이 해피엔딩으로 끝날 것 같은 예감을 심어 주기에 충분했다.

공감은 심리학과 상담학에서 매우 중요한 인간관계의 요소로 자리 잡고 있다. 《공감에 반대하다(Against Empathy: The Case for Rational Compassion)》의 저자이자 미국 심리학자인 예일 대학교 교수 폴 블룸(Paul Bloom, 1963~)은 공감을 다음과 같이 정의한다. 공감은 다른 사람의 시각으로 세상을 바라보고, 그들의 감정을 공유하는 능력이다. 즉, 상대방의 입장에서 생각하고 느낌을 이해하는 것을 의미한다. 공감(empathy)과 동정(sympathy)은 비슷한 것 같으나 다르다.

동정은 관찰자와 관찰되는 사람 사이의 유사성 인지에 기반하여 일어나는 타인의 감정에 대한 자발적인 정서적 반응이다. 반면 공감은 타인의 감정에 대한 의도적인 정서적 반응이며 관찰자와 피관찰자 간의 인식된 차이를 기반으로 경험된다.(David Augsburger, 1986)

즉 동정은 나와 비슷한 경험을 가진 사람에 대한 정서적인 느낌이고 공감은 나와 같지 않지만 의도적으로 상대방의 감정을 공유하고 느끼는 것을 말한다.

공감 능력 자체는 모든 인간관계에서 매우 중요하고 꼭 필요한 감정임에 틀림이 없다. 그러나 공감이 잘못 사용되면 위험할 수도 있다는 것이 폴 블룸의 입장이다. 블룸은 공감에 있어 마음보다 머리와 이성을 더 많이 사용하려는 노력을 기울여야 한다고 주장한다.

마음을 사용한 공감은 지금 여기 있는 특정 사람들에게만 초점을 맞춘 스포트라이트와 같다는 것이다. 그래서 우리의 내 편을 향한 치우친 공감 성향은 문화, 인종, 성별 등에서 나와 상관없거나 반대편에 서 있는 사람들을 향해서는 오히려 역으로 작용할 수 있다. 측근을 향한 내 공감 능력이 반대편에 서 있는 사람들에게는 해와 독으로 작용할 수 있다는 것이다. 그런 의미에서 공감을 작동할 때 마음 혹은 감정보다 머리와 이성을 사용하는 것이 더 안전할 수 있음을 암시한다.

세라는 남편이 아내인 자신에게 커피를 권하지 않는 등, 가정부 노라보다 덜 챙기는 것 같은 행동을 마음과 감정보다는 머리와 이성으로 공감하고 이해하려는 노력을 기울여야 할 것이다.

하지만 톰의 경우는 오히려 가장 가까운 내 편인 아내 세라를 향한 마음을 사용한 공감 부족이 현재 그들 부부의 문제의 원인의 일부였다. 톰은 자기의 마음을 좀 더 열고 세라의 소외감과 섭섭함과 분노를 감정적으로 공감해 주어야 한다.

우리에게 익숙한 노래 가사처럼 모든 인간은 '사랑받기 위해 태어난 사람'이다. 측근이든 측근이 아니든, 혹은 나와 비슷하든 그렇지 않든 서로를 따스하게 공감해 주는 습관을 키워보자. 혹시 우리 주위에 누군가가 쏟아부은 차가운 얼음물을 맞고 젖은 생쥐처럼 몸도 마음도 벌벌 떨고 있는 톰과 같은 이웃은 없는지, 혹은 사랑하는 사람이 따스한 커피 한 잔을 권해주지 않아서 왕따당한 외로움과 설움에 울고 있는 세라 같은 사람은 없는지 주위를 돌아보는 마음의 여유를 가져 보는 것은 어떨까?

session 12

가까이할수록
멀어지는 당신

사회적 거리

      나는 인간관계에서 적당한 거리 두기를 실천하지 못해서 삶이 꼬였던 젊은 여성을 기억한다. 내가 일하던 조지아주 애틀랜타시에 있는 상담 센터가 확장 리모델링을 할 때였다. 다른 장소를 임시로 빌려서 상담하는 등 여러 가지 내부 사정으로 인해 얼마 동안 상담이 비정기적으로 진행되었다. 보통 내담자를 한 주에 한 번씩 약 50분간 상담하는데 그 기간만큼은 사정에 따라 두세 주에 한 번 상담하기도 했다.

  흑인 여성 내담자 스텔라(Stella, 가명)는 30대 초반의 커리어 우먼이었다. 가명이긴 하지만 라틴어로 별이라는 의미의 이름처럼 그녀는 정말 반짝반짝 빛나고 예뻤다. 결혼한 지 얼마 안 되는 신혼 초였다.

그녀가 나에게 처음 상담을 신청한 이유는 알코올 중독 때문이었다. 그녀는 AA(Alcoholics Anonymous, 알코올로부터 해방되기를 원하는 사람들의 국제적인 활동 모임) 프로그램에 정기적으로 참석하면서 술을 끊기 위해 나름 갖은 노력을 하고 있었다. AA 모임은 스텔라가 알코올 중독에서 벗어나는 데 도움이 되기도 했지만 그 모임으로 인해 뜻하지 않게 그녀에게 다른 문제가 생겼다.

그것은 바로 AA에서 만난 노아(Noah, 가명)였다. 알코올 중독이라는 공통분모를 가진 두 사람은 서로를 이해하고 도와주려는 과정에서 서로에게 이성으로 끌리고 있었다. 싱글이었고 말이 잘 통했던 노아는 스텔라에게 무척 매력적으로 다가왔다. 스텔라의 남편 메이슨(Mason, 가명)은 스텔라보다 나이가 훨씬 많았고 조용하게 사는 선비 타입 같았다.

스텔라가 처음 내게 노아에 관해 얘기했을 때 나는 직감적으로 알았다. 그녀가 노아를 얼마나 좋아하는지를. 그녀가 노아를 언급할 때마다 그녀의 눈은 별처럼 빛나고 생기가 돌았다. 그러나 스텔라는 노아가 애인이 아닌, 그냥 남자 사람 친구라는 것을 자꾸 강조했다.

"어제 AA 미팅 후에 노아와 함께 커피를 마셨어요. 우리는 밤 늦게까지 이야기를 나눴는데 시간 가는 줄 몰랐어요. 늦게 집에 들어가는 바람에 남편이 좀 화가 난 것 같아요. 실은 그게 아닌데…."

나는 물었다.

"스텔라. 뭐가 아니라는 건가요?"

"아. 우리 관계 말이에요. 우리는 그냥 친구예요. 말이 잘 통하는 친구요. 노아는 내게 알코올을 끊는 데 도움을 주는 친구일 뿐이에요. 정말이에요."

노아가 친구 이상은 절대 아니라는 이야기를 하고 있는 바로 그 순간에도 스텔라의 호흡은 빨랐고 말투는 흥분되어 있었다.

노아에게 푹 빠진 스텔라의 순진한 눈망울이 자꾸 나를 불안하게 했다. 나는 스텔라가 마치 물가에 내놓은 아이처럼 조마조마해 보였고 마음이 편치 않았다. 그래서 나는 수차례 그녀에게 두 사람만의 시간을 갖는 것을 조심하고 그와 약간 거리를 두는 것이 좋겠다고 말했다. 물리적 그리고 심리적 거리를 두어야 하는 이유를 스텔라와 여러 번 얘기했다.

내가 스텔라에게 노아와 거리를 두라고 한 첫 번째 이유는 상담을 통해 스텔라 자신이 노아와는 단지 친구이고 남편이 있는 사람으로서 그와 로맨틱한 관계를 가질 의도가 전혀 없음을 여러 차례 나에게 말했기 때문이다. 두 번째 이유는 그럼에도 불구하고 스텔라의 마음과 생각이 따로 논다는 것을 확신했기 때문이었다.

이러한 이유들로 그녀가 원치 않는 상황에 이르는 것을 막아주는 것이 그녀의 심리 상담사로서 내가 해야 할 일이었기에 수

차례 스텔라에게 경고를 주고 그녀가 흔들리고 있는 자신을 직시할 수 있게 도와주었다.

그리고 나서 상담 센터 리모델링 문제로 내가 스텔라를 다시 상담한 것은 약 2~3주가 흐른 뒤였다. 상담 시간에 맞춰 도착하는 그녀답지 않게 약 10분 늦게 상담실 문을 열고 들어온 스텔라는 변해 있었다. 늘 내게 할 이야기가 넘쳤었는데 그녀의 말수는 줄어 있었다. 나는 그동안 잘 지냈는지 그리고 남편 메이슨은 여전한지 일상적인 질문으로 상담을 시작했다.

스텔라는 기어들어 가는 목소리로 지난주 남편 메이슨이 며칠간 출장 때문에 집을 비웠다고 말했다. 그 말을 듣는 순간 싸한 느낌이 들었다. 아! 물가에 내놓은 아이가 드디어 물에 빠져 버렸구나! 이 일을 어쩌냐? 나도 모르게 내 가슴이 쿵 하고 무너지는 걸 느꼈다. 그녀는 고개를 숙이고 말을 잇지 못했다. 나 역시도 차마 입이 떨어지지 않아서 가만히 기다리고만 있었다.

스텔라는 내가 듣고 싶지 않았던 말을 되뇌었다.

"시몬… 노아가 우리 집에 왔었어요."

그럼에도 불구하고 나는 끝까지 믿고 싶었다. 아이가 완전히 물에 빠진 것은 아닐 것이라고 나 자신을 설득할 수 있다면 억지로라도 그렇게 하고 싶었다. 그러나 불행히도 우리 모두의 예상은 빗나가지 않았다. 스텔라는 남편이 집을 비운 사이에 노아를 자기 집으로 초대했다.

스텔라가 초대했는지 아니면 노아가 스텔라 집에 가겠다고 했는지 분명하지 않다. 중요한 것은 그날 스텔라와 노아는 스텔라의 집에 함께 있었고 관계를 가졌다는 것이다. 그리고 결국 남편 메이슨이 그것을 알아 버렸다. 해서는 안 될 일을 한 그러나 강하고 절실해서(?) 물리치지 못한 유혹의 달콤함에 빠져 버린 스텔라의 딜레마는 그녀의 몸과 마음을 사정없이 후려치고 있었다.

　스텔라의 뒤집어진 속이 뿜어내는 세찬 물줄기가 그녀의 속눈썹을 적셨다. 그 빗줄기는 그녀의 눈을 예쁘게 장식한 마스카라를 타고 까만 먹물이 되어 그녀의 얼굴로 하염없이 흘러내렸다. 스텔라는 펑펑 울면서 자신에 대한 죄책감과 후회와 분노와 치욕감으로 내 상담실 티슈 한 통을 거의 다 사용하고 나서야 상담실을 나갔다. 그녀의 뒷모습은 슬프고 아렸다.

　독일 출신의 사회학자 게오르크 짐멜(Georg Simmel, 1858~1918)이 발전시킨 개념인 '사회적 거리(social distance)'는 개인이나 사회 집단 간에 느껴지는 거리감 또는 친밀감의 정도를 의미한다(Donald Levine 외, 1976). 물리적 거리와는 다르며 사회 계층, 인종, 민족, 문화, 성별 또는 성적 지향, 가치관과 신념 등의 요소에 따라 사람들이 느끼는 심리적 거리를 말한다.

　비슷한 사회 계층의 사람들, 같은 문화적 배경을 가진 사람들, 또는 비슷한 가치관을 가진 사람들끼리는 친밀감과 유대감을 느끼고 연결감과 친숙함을 쉽게 경험한다. 같은 나이 또래면서 둘 다 흑인이고, 또 함께 알코올 중독을 극복해 보려고 노력하던 AA 미팅의 멤버였던 스텔라와 노아의 관계처럼 말이다.

그 둘은 가까워질 수밖에 없는 많은 요소를 가지고 있었다. 그래서 적당한 거리를 두지 않으면 서로에게 끌릴 수밖에 없는 상황이었다. 아마도 결혼한 스텔라와 싱글인 노아 사이의 정신적, 물리적 거리 두기는 불륜을 방지하기 위해서 꼭 필요한 보호장치 역할을 할 수 있었을 것이다.

문화와 사회 등에 따라 사회적 거리는 다양하게 이해되고 적용된다. 나는 미국의 서부에 있는 캘리포니아주에서 오래 살다가 동부에 있는 뉴저지주에서 대학원을 다녔다. 미국 땅이 워낙 넓다 보니 동부와 서부 사이에 문화적 차이가 제법 크다. 캘리포니아주에는 다양한 인종과 문화가 많이 섞여 있는 편이다. 그래서인지 분위기가 좀 자유롭고 개방적이다. 반면 동부에 있는 뉴저지주 사람들은 보수적인 경향이 있고 모든 면에서 캘리포니아주 사람들보다 더 많이 격식을 차리는 편이다.

예를 들어 캘리포니아주에서는 길거리에서 사람을 마주치면 모르는 사람이라도 우선 얼굴을 마주 보고 가볍게 "Hi" 하고 인사한다. 심지어 강아지 한 마리가 내 앞에 있어도 "Hi"라고 할 정도이다.

뉴저지주는 다르다. 물론 개인차는 있겠지만, 사람이 앞에 있어도 모르는 사람이면 가급적 인사를 하지 않는다. 그냥 지나치는 것이 자연스럽게 느껴지는 분위기이다. 마치 상대방의 프라이버시를 존중해 주는 것처럼 말이다.

캘리포니아주의 문화에 길든 나로서는 뉴저지주 사람들의 깍듯함(?)이 처음에는 차갑게 느껴졌다. 그러나 몇 달이 지나자 나는 그런 예의 바르게 보이나 냉정하게 느껴지던 뉴저지주의 문화에 곧 익숙해져 갔다.

사회적 거리는 한국의 직장에서도 중요한 하나의 이슈로 떠오르고 있다. '연결되지 않을 권리'에 관한 기사를 읽은 적이 있다. 〈퇴근 후 업무 연락은 NO… '연결되지 않을 권리' 사회적 논의 착수〉라는 제목의 신문 기사였다.

그 기사는 "연결되지 않을 권리란 퇴근 후 회사에서 연락받지 않을 권리를 뜻한다. 스마트폰과 소셜네트워크서비스(SNS) 사용으로 언제나 업무가 가능해지면서 새롭게 정의된 노동기본권이다."라고 연결되지 않을 권리를 정의한다.(동아일보, 2023)

연결되지 않을 권리가 한국에 정착되기까지는 얼마간 시간이 걸릴 것이다. 한국의 인간관계 방식이 많이 달라지고는 있지만, 여전히 한국인들의 정서에는 집단주의 성향과 공동체의 중요성이 깊이 뿌리내리고 있다. 이러한 점을 고려할 때, 더 건강하고 진보적인 개인과 사회를 만들어 가기 위해서는 지혜로운 '적당한 거리 두기'가 하나의 필수 조건이 될 수 있다.

인간은 사회적 동물이다. 혼자 살기는 어렵다. 다른 사람들과 공생하며 살아갈 수밖에 없는 것이 우리 인간이다. 사회적 거리는 유유상종, 즉 비슷한 사람끼리 모이는 것과 유사한 의미를 지닌다. 이것은 지극히 자연스러운 인간관계의 사회적 형태 중 하나이다. 하지만 때에 따라서는 사회적 거리가 가깝게 느껴지는 개인 혹은 그룹과도 적당한 거리를 두는 것이 더 나은 인간관계 구축에 도움이 될 수 있음을 생각해 봐야 한다.

가족, 친지, 이웃, 혹은 직장 동료들과의 관계에서 거리 두기가 필요함을 느끼고 있지는 않은가? 가장 이상적이고 적당한 거리 두기가 어떤 것인지 정확하게 아는 것이 항상 쉽지만은 않을 수도 있다. 그럼에도 우리는 모든 인간관계에서 얼마만큼의 거리가 우리 자신과 상대방 모두에게 유익하고 건강한 것인지를 지속적으로 가늠하고 수정해 나가야 한다. 내가 거리 두기의 중요성을 항상 유념하고 깨어 있지 않으면 다른 사람들이 나와의 거리의 적정선을 대신 정해 버리기 때문이다.

session 13

우리와 나 사이의 줄다리기

밴드왜건 효과

        쉽지 않았던 상담 케이스 하나가 있었다. 중년 여성 미경(가명)과의 상담이었다. 그녀와 총 10회를 상담하는 동안 그녀를 향한 심리 상담 전문가로서의 안쓰러움과 안타까움으로 인해 나는 많이 힘들었다.

    미경은 맏딸로 태어나 어릴 때부터 부모님과 동생들을 위해서 여러모로 희생했다. 가족의 생계를 책임지느라 어려서부터 공부는 고사하고 친구들과 놀 수도 없었고 정상적인 사회생활을 즐길 여유가 없었다.

    경제적 안정을 위해서 떠밀리다시피 한 결혼 생활도 녹록지 않았다. 남편은 주식을 한답시고 돈을 다 날렸고, 외도로 딴살

림을 차려서 미경을 절망케 했다. 미경은 원래는 기독교 신자인데 남편의 반대로 교회도 마음대로 못 나간다고 슬퍼했다.

 엎친 데 덮친 격으로 성인이 된 미경의 자식 세 명 모두 미혼으로 미경의 집에서 함께 생활하고 있었다. 미경 자신도 이제 지쳐간다고 하면서 내년이면 자식들을 모두 분가시켜야겠다고 했다. 미경의 얘기를 들으면 들을수록 나도 모르게 내 안에서 한숨이 나왔다. 그러나 미경과 내가 함께 이 난관을 헤쳐 나가야 했기에 나는 정신을 단단히 부여잡고 눈을 크게 뜰 수밖에 없었다.

 미경의 따뜻한 마음과 남을 돌보는 성향이 결코 나쁜 것은 아니지만, 이제 자신을 먼저 챙기고 위하는 습관을 가져 보자고 제안했다. 그래야 미경은 물론이고 결국 남편과 자식 모두에게 유익할 것이기 때문이다.

 상담 기간이 거의 끝나갈 무렵 미경의 얼굴은 많이 밝아져 있었다. 운전을 못 하는 탓에 이전에는 어디든지 항상 걸어 다녔는데 이제는 필요하면 남편에게 운전해 달라고 당당히 요구한다고 했다. 또 남편이 운전해 달라는 자신의 요구를 기꺼이 들어준다면서 좋아했다.

 미경이 자신을 더 소중하게 여기고 귀하게 대하면 대할수록 남편을 비롯한 주위 사람들도 미경을 덜 무시하고 덜 함부로 대했다. 스스로에 대한 긍정적인 생각이 결국은 다른 사람들의 나에 대한 생각에도 동일한 영향력을 미치기 마련이다. 이것은 미경이 자기보다 우선시했던 집단인 가족과 그들을 위한 무조건적인 희생의 당위성을 잠시 내려놓고 용감하게 스스로의 행복한 삶을 우선시했기에 가능했다.

삶의 우선순위에 관한 또 다른 사례가 생각난다. 수업을 막 시작하려고 하는데 한 학생이 책상에 엎드려서 정신을 못 차리고 있었다. 그 학생은 과 대표였고 공부도 잘하는 모범생이었다. 너무 힘들어하는 것 같아서 왜 그러냐고 물었더니 솔직한 대답이 돌아왔다.

"아, 교수님. 그게요. 어젯밤에 제가 늦게까지 저희 과 학생들과 술을 마셨거든요. 그런데 그 후에 제가 속한 동아리에서 또 함께 술을 마시자고 하는 거예요. 차마 거절할 수도 없고… 잠도 거의 못 잤어요."

"내일 수업이 있으니 오늘은 먼저 일어나겠다고 양해를 구하고 자리를 뜰 수 없었나요?" 했더니, "아, 어떻게 그러죠? 함께 시작했으니 함께 끝마무리해야 하지 않을까요?"라고 학생이 답을 했다.

수업 내내 그 학생은 비실거리며 정말 괴로워했다. 심성이 착하고 리더십도 있는 데다가 남을 배려하는 마음이 강한 진주같이 귀한 학생이었다. 그 후에도 비슷한 일들이 한두 번 더 있었던 것 같다. 그때마다 내 머릿속에는 '삶의 우선순위'라는 단어가 맴돌았다. 이 학생에게 삶에서 가장 중요한 것은 무엇인가?

우리도 살면서 이와 유사한 경험들을 한다. 사회생활을 하다 보면 내 마음에 들지 않거나 하기 싫은 일들도 해야 하는 경우가 있다. 특히 한국처럼 집단주의 성향이 강한 사회에서는 더욱 그렇다. 급변하고 있는 오늘날의 사회를 집단주의와 개인주의처럼 이분법적으로 정확하게 구분하는 것은 어렵다. 같은 사회 안에서도 개인적인 그리고 정황적인 차이들이 존재한다.

미국 다문화 심리학의 선구자 해리 트리안디스(Harry Triandis, 1926~2019)가 쓴 《개인주의와 집단주의(Individualism & Collectivism)》 그리고 미국의 사회학자이자 변호사였던 데이비드 리스먼(David Riesman, 1909~2002)의 저서 《개인주의 재고(Individualism Reconsidered)》 등에서 대표적으로 집단주의와 개인주의라는 사회적 현상을 잘 설명한다.

많은 학자가 모든 사회와 문화가 집단주의 성향과 개인주의 성향 둘 다를 어느 정도는 가지고 있다는 데 동의한다. 그러나 나 자신보다 내가 속한 집단이 더 중요한, 즉 집단주의 성향이 강한 사회에서는 개인의 삶을 우선시하며 살기가 쉽지 않을 수 있다.

'백의민족'은 흰옷을 즐겨 입었던 한국인을 묘사한 한민족의 별칭 중 하나이다. 백의민족은 많은 경우에 민족의 순수성과 동질성을 강조하면서 한국인의 공동체의식과 집단주의를 강화하는 의미로 쓰여 왔다.

한국 사람들은 '우리'라는 단어를 즐겨 쓴다. 아내나 남편을 소개할 때 '우리 아내' 혹은 '우리 남편'이라고 소개한다. 이것은 '내 아내(my wife)', '내 남편(my husband)'이라고 소개하는 영미권 사람들과는 사뭇 다르다.

그렇다. 우리는 흰옷을 입고 손에 손잡고 5천 년의 긴긴 역사의 풍파를 함께 헤집고 왔다. 떼려야 뗄 수 없는, 피와 살이 섞인 민족이고 동족이다. 한국인 특히 한국의 기성세대는 "우리가 남이가"라는 건배사를 외치지 않을 수 없다. 내가 속한 단체나 집단에 스며들고 녹아들어서, 그 집단을 떠나 '나'라는 개인 혼자 존재하기가 쉽지 않다. 어쩌면 그래서 혼밥이 모두에게 쉬운 것만은 아닐 수 있다. 이런 집단주의적인 성향은 순기능도 있지만, 지역주의나 배타성의 위험을 수반하기도 한다.

인공지능과 가상 세계에 익숙한 현대인들에게 '우리'와 '집단주의'는 어쩌면 시대를 역행하는 것으로 보일 수도 있다. 당신은 어떤가? '우리', '함께' 혹은 '개인', '혼자'라는 단어들을 어떻게 받아들이고 있는가? 당신은 자신을 어떻게 정의하고 이해하고 있는가? 정체성의 자각과 의미는 인간의 말과 행동 등 모든 것에 영향을 미친다.

내가 나를 누구라고 생각하는지에 따라 나의 삶의 초점과 에너지의 방향이 달라진다. 다시 말해서 자기인식(self-awareness)

의 강도와 이해에 따라 삶의 우선순위가 정해진다는 것이다. 물론 삶의 우선순위는 생애 주기와 상황 등에 따라 변할 수도 있다.

'밴드왜건 효과(bandwagon effect)' 혹은 '편승 효과'는 사회심리학의 중요한 개념 중 하나이다. 위키백과에 의하면, 밴드왜건 효과가 처음 사용된 것은 1848년 미국 대통령 선거 때라고 한다. 밴드왜건은 원래 축제의 거리 행진에서 음악 연주자들이 타고 있는 마차를 의미한다. 1848년 미국 대통령 선거 당시 유명한 서커스 광대였던 댄 라이스(Dan Rice)가 출마자 중 한 사람이었던 재커리 테일러(Zachary Taylor)를 밴드왜건에 태웠고, 이것이 계기가 되어 테일러의 인지도가 상승하고 대선 캠페인도 성공했다. 그러자 이를 본 사람들이 테일러의 상대 출마자도 성공하고 싶다면 "밴드왜건에 올라타라(Jump on the bandwagon.)."라고 얘기하였고, 이는 '시류에 편승한다'는 은유적 의미로 사용되기 시작한다. 결국 밴드왜건 효과의 덕을 톡톡히 본 테일러는 미국의 12번째 대통령으로 선출되었다.

간단히 말해서 밴드왜건 효과는 많은 사람들이 그렇게 하면 나도 덩달아 생각, 의견, 태도, 행동 등을 따라하는 경향을 의미한다. 여러 사람이 하면 그냥 따라서 거기에 편승하는 인간 심리이다. 자칫 방심하면 밴드왜건 효과가 나의 본질과 원래 자아를 찾는 데 장애물이 될 수도 있다. 나 자신을 잊어버리고 집단에 휩쓸려 로봇처럼 마냥 따라가는 위험이 존재하기 때문이다.

삶의 우선순위는 나의 정체성과 인생의 방향과 목적에 기초해서 결정되어야 한다. 그렇지 않으면 밴드왜건 효과에 의해 소중한 나의 시간과 에너지와 돈을 헛되이 낭비할 수도 있다. 전날 밤에 같은 과 학생들과, 또 동아리 친구들과 늦게까지 술을 마시느라 다음날 수업 시간에 힘들어했던 학생이 혹시 밴드왜건 효과의 영향권에 있었던 것은 아닌지 염려된다.

물론 친구들과 술 마시는 것 자체를 염려하는 것은 아니다. 그러나 전날 밤의 과음이 그다음 날 수업에 악영향을 미치는 일이 여러 번 반복된다면 그 학생은 자신을 한번 돌아봐야 한다. 지금 자신의 삶에서 무엇이 가장 중요한지, 삶의 우선순위를 한번 곰곰이 생각해 보면 좋을 것이다.

중년 여성 미경의 경우도 마찬가지이다. 남편 그리고 아직 독립하지 않고 있는 성인 자식들을 위해서 아내와 엄마라는 이름으로 희생과 헌신이 당연하게 여겨지는 밴드왜건 효과의 영향력으로부터 빠져나와야 한다. 미경은 이제 자기 자신을 더욱 소중히 여기고 스스로를 잘 돌봐야 한다.

이것은 비단 그 학생과 미경에게만 국한된 것이 아니고 우리 모두가 해야 할 고민이다. 이러한 고민은 자기 존재의 본질과 삶의 소중함에 대한 감사이고 최소한의 예의라고 생각한다.

심리학과 상담학 그리고 신학을 전공한 교수이다 보니 내 연구실에 학생들이 끊이지 않고 찾아온다. 처음 교수로 임용되고 몇 년간은 더욱 그랬다. 식사할 시간이 없을 때도 많았다. 그나마 건강을 고려한다고 떡국이나 쌀로 만든 컵라면을 연구실 캐비닛에 일회용 젓가락과 함께 늘 구비해 두었다. 뜨거운 물만 부어 언제든지 빨리 먹을 수 있도록 하기 위해서였다. 심지어 어떨 땐 수업 시간에 쫓겨, 찾아온 학생과 함께 컵라면을 나눠 먹으며 상담한 적도 있다.

신임 교수들은 가르치고 연구하고, 행정 업무 처리와 학생 돌보는 것을 동시에 하는 데 아직 익숙지 않다. 그래서 처음 몇 년간은 여러 가지 이유로 제일 바쁜 시기를 보낸다. 그래도 지금 되돌아보면 그때가 육체적으로는 많이 힘들었지만 보람되고 의미 있는 시간이었음을 깨닫는다. 이제 그 학생들은 사회인이 되어 직장에서 일하거나 결혼하고 임신한 상태로 또는 아이를 데리고 찾아오기도 한다.

나를 무리하게 갈아 넣었다는 생각이 들면 나 자신에게 좀 미안하기도 하다. 하지만 학생들의 성장하고 변화된 모습을 눈으로 보고 소식을 듣기도 하면서 나름대로 학생들을 돌보는 데 힘을 쏟았던 시간들이 내 삶의 우선순위에 있었음을 마냥 후회하지만은 않는다.

내 삶의 우선순위는 내가 정해야 한다. 그렇지 않으면 세상과 타인들이 소중한 나의 시간과 에너지를 자기 마음대로 사용한다. 나의 귀중한 자원들을 그들에게 속절없이 빼앗기는 것이다.

우선순위를 결정하는 데 있어 무 자르듯이 정확한 수학적 공식이 나오기는 힘들다. 그렇지만 그 결정이 무엇이든 내 가슴을 뜨겁게 하고 미래 지향적이면서 타인의 행복도 배려한다면 좋을 것이다. 건강하고 행복한 자아의 뿌리 위에 삶의 중요한 순서들이 나열되고 지켜져야 결국 나와 타인 모두에게 유익할 것임을 잊지 말아야 한다.

당신은 지금 당신의 삶을 살고 있는가? 혹시 부모님이나 선배 혹은 멘토가 원하는 방향으로 생각 없이 기울고 있지는 않은가? 우리는 한 번 태어나고 죽는다. 지금도 시간은 째깍째깍 흐르고 있다. 이렇게 유한하고 귀중한 나의 삶을 타인이 대신 살게 할 수는 없다. 내가 주체가 된 삶을 살고 그것에 충실하다 보면 나 자신은 물론이고 나와 관련된 타인들의 삶도 건강하고 탄탄해진다.

session 14

좋은 것일수록
적당히 과하지 않게

충분히 좋은 엄마

몇 년 전 코로나 예방 접종을 하러 집 근처 병원에 갔다. 접수하고 난 뒤 잠시 후에 한 상담사가 나를 불렀다. 그 상담자는 코로나 예방 접종과 관련해서 여러 가지 주의 사항 등을 설명해 주고 나서 혹시 며칠 전 뉴스를 봤냐고 물었다. 그러고는 세계적으로 권위 있는 보건 기관에서 최근 발표한 연구 결과에 관해 얘기하기 시작했다. 코로나 예방 접종과 독감 예방 주사 두 종류의 주사를 한꺼번에 맞으면 효과가 몇 배는 더 있다는 것이었다. 그러니 두 개의 주사를 한꺼번에 맞으라고 권유했다.

딱히 그렇게 하지 않을 이유도 없고 해서 그 상담사 말대로 했다. 두 어깨에 하나씩 주사를 맞았다. 문제는 집에 와서 얼마 있지 않아 생겼다. 온몸이 욱신거리고 심한 감기 몸살 비슷한 증상같이 몸이 아파 오기 시작했다.

얼마나 아팠는지 침대에 누워 끙끙 앓으며 아무것도 할 수가 없었다. 주사 맞은 병원에 전화해서 상황을 설명했더니 정 견디기 어려우면 병원에 들르라고 했다. 그날 맞고 온 주사 후유증임을 알고 있었고 또 도저히 운전조차 할 수 없는 상황이었다. 우선은 그냥 집에서 쉬면서 지켜보기로 했다. 다음 날 있었던 학교 미팅에도 참석할 수 없을 만큼 며칠을 호되게 앓았다.

내가 아프다는 소식을 들으시고 잘 아는 의과대학 교수님께서 전화를 하셨다. 그 두 개의 주사를 그것도 한꺼번에 맞으라고 하는 병원이 세상천지에 어디 있냐고 난리를 치셨다. 병원 상담사는 아마도 좋은 의미로 나에게 두 가지 주사를 한꺼번에 맞으라고 권유했을 것이다. 그리고 나처럼 그렇게 심한 후유증을 호소한 사람이 없었을 수도 있다.

코로나19 담당 부처의 홈페이지에서 예방 접종의 필요성을 확인한 결과는 다음과 같았다. 백신을 접종하면 몸의 면역세포가 바이러스 단백질을 인식하고 항체를 생성하며, 일부는 기억 세포로 남는다. 접종 후 발열, 피로, 두통, 근육통, 메스꺼움, 구토 등의 증상은 대부분 3일 내에 사라지는데 두 가지 예방 주사가 상호 작용하여 더 강한 반응을 유발한 것이 문제였다.

그 사건을 통해 나는 한 가지 깨달음을 얻었다. 아무리 좋고 유익한 것이라고 해도 적당히 과하지 않게 해야 한다는 것이다. 그렇게 나는 며칠을 원도 한도 없이 아팠다. 그 정도로 심하게 아플 줄 미리 알았다면 절대로 두 가지 주사를 한꺼번에 맞지 않았을 것이다.

애착이론(attachment theory)은, 많은 심리학 이론이 그러하듯이, 프로이트(Sigmund Freud, 1856~1939)가 창시한 정신분석학에서 가지를 뻗어 나온 이론 중 하나이다. 영국 심리학자 존 볼비(John Bowlby, 1907~1990)와 미국 발달심리학자 메리 에인스워스(Mary Ainsworth, 1913~1999)가 발전시켰다. 애착이론에 따르면 건강한 인간관계를 구축하기 위해서 필요한 선제 조건이 있다고 한다. 아이가 어릴 때 엄마와 형성하는 초기 애착이 이후 아이의 심리적 건강에 가장 중요한 영향을 미친다는 것이다. 태어나서 6개월에서 2년 사이의 기간 동안 한 명 이상의 주 보호자와 애착 관계를 형성하는 것의 중요성을 의미한다.

대상관계이론(ORT, object relations theory)도 비슷한 맥락에서 볼 수 있다. 대상관계이론은 영국 정신분석학자이자 아동심리학자인 멜라니 클라인(Melanie Klein, 1882~1960)과 영국 정신분석학자이자 소아과 의사인 도널드 위니컷(Donald Winnicott, 1896~1971) 등에 의해 발전되었다. 애착이론과 같은 선상에서, 대상관계이론은 기본적으로 엄마와 아기 두 사람의 관계가 아기의 일평생 정체성을 좌우하는 근원적인 인간관계 시스템임을 주장한다.

대상관계이론에서 중요한 개념 중 하나는 도널드 위니컷의 '충분히 좋은 엄마(the good-enough mother)'이다. 충분히 좋은 엄마는 아기가 건강하게 성장할 수 있도록 육체적, 정신적으로 '보듬어 주는 환경'을 제공한다. 이 보듬어 주는 환경은 보듬어 주기에 충분하면 되지 완벽해야 할 필요는 없다. 충분히 좋은 엄마의 실체는 '소홀히 하는 엄마도 아닌 동시에 지나치게 간섭하거나 통제하는 엄마도 아니라는 것'이 핵심 포인트이다. 즉 충분히 좋은 엄마는 아기에게 과하지 않은 적당한 애정을 준다.

한국 부모들의 자녀 사랑과 자녀에 대한 애착은 이 세상 그 어느 나라 부모들 못지않을 것이다. 특히 2024년 한국의 합계출산율(가임 기간 여성 1명에게 기대되는 출생아 수)이 0.75명으로 OECD 국가 중 최저 수준임을 감안할 때 그리 이상한 현상은 아니다.

오래전에 내가 맡았던 어느 수업에서 테이크홈 시험(take-home exam)을 진행했다. 수업 시간에 학생들에게 에세이 시험 문제를 나누어 주면 집에서 혼자 답안지를 작성하고 일주일 후 수업 시간에 제출하는 형식이었다. 아마도 신입생은 이러한 시험 방식이 익숙하지 않았을 것이다.

테이크홈 시험은 강의실에서 치르는 일반 시험과는 방식이 많이 다르다. 교수와 학생 사이의 신뢰를 바탕으로 진행되는 시험이며 고려해야 할 사항도 많다. 나는 학생들에게 이와 관련해서 충분하고 자세한 지침을 수업 시간 중에 구두로 알려주었다. 또 서면 지침서도 시험지와 함께 배부했다. 지침서에는 오픈 북 시험이지만 혼자 시험을 쳐야 하고 그 누구와도 의논해서는 안 되며 인터넷 등의 자료를 베껴 쓰는 것도 부정행위로 간주한다는 내용이 포함되어 있었다.

시험지를 채점한 결과 어느 신입생의 답안지가 많이 이상했다. 답안지가 수업에서 다룬 내용들과 거리가 있었고 마치 학원 선생님이나 가정교사가 대신 써 준 것 같았다. 그 학생에게 전화해서 조심스럽게 물어본 결과 답안을 학생의 어머니가 대신 작성해 주었다고 했다.

내가 테이크홈 시험 지침서를 언급하면서 혼자 시험을 쳤어야 한다고 했더니 크게 신경 써서 지침서를 읽지 않았다고 했다. 드문 경우였지만 난감했다. 학교 나름대로의 원칙과 학생의 나이브(?)한 정신세계 사이에서 나는 외롭게 혼자 서 있었다.

시험 관련 모든 부정행위는 일단 학생이 속한 대학의 학장 교수님께 알리고 의논하는 것이 원칙이라고 얘기해 주고 다시 연락하겠다고 했다. 신입생이고 대학에 들어와서 처음 치는, 그것도 테이크홈 시험이었으니 혼란스러웠을 것이라고 좋은 쪽으로 생각하려고 했다. 그리고 하루이틀 지난 어느 날 내 연구실로 전화 한 통이 왔다.

중년 남성이었다. 전화 저편에 있는 남자는 불공정하고 부당한 교수와 싸울 채비를 단단히 한 상태였다. 그 학생의 아버지였다. 이제 막 대학에 들어간 하나뿐인 아들의 앞길을 막으려고 하냐고 물었다. 오해로 아들이 잠시 실수한 것을 가지고 정학이나 퇴학을 당한다는 것이 말이 되냐는 것이었다. 참고로 당시 나는 그 학생이 정학이나 퇴학을 당할 것이라는 언질을 준 적이 없다.

자기는 국가공무원인데 우리 대학의 총장이나 높으신 분들에게 충분히 이 부당함을 알릴 의지가 있음을 피력했다. 나는 한마디 할 겨를도 없었다. 그런데 더 큰 문제는 그다음이었다.

갑자기 수화기 너머에 침묵이 흘렀다. 마치 엄청난 소나기가 한꺼번에 정신없이 쏟아져 내리다가 한순간에 뚝 그친 것 같은 느낌이었다. 다음 순간 전혀 예상하지 못한 일이 벌어졌다. 학생의 아버지가 흐느껴 울기 시작했다. 그러고는 울음 섞인 목소리로 계속 말을 이어갔다. 내용은 처음과 별로 다르지 않았다. 억울함과 부당함과 아들의 앞길을 막지 말아 달라는 것이었다.

정말 오래된 사건이지만, 목숨같이 아끼는 하나뿐인 아들을 사랑하는 중년 아버지 나름의 부정(父情)을 나는 정확히 기억한다. 그의 슬프고 억울함으로 가득 찬 오열을 나는 결코 잊을 수가 없다.

이후의 긴 이야기가 있지만, 결론적으로 그 학생의 문제는 잘 해결되었다. 학교 측으로 봐도 또 학생의 입장에서 봐도 말이다.

어머니가 아닌 아버지이고 또 그 아들은 이제 더 이상 아기가 아니긴 하지만, 그 사건에서 학생의 아버지는 도널드 위니컷의 '충분히 좋은 엄마'였을까? 지나치지도 모자라지도 않은 사랑을 주는 엄마 혹은 주 양육자의 역할을 잘 감당한 것이었을까? 해답은 독자분의 몫으로 남겨놓는 것이 좋을 듯싶다.

공자(孔子)가 남긴 말로, 《논어》 선진(先進) 편에 나오는 '과유불급(過猶不及)'은 "너무 지나친 것은 부족한 것만 못하다."라는 의미를 담고 있으며 모든 것에 적당함이 중요하다는 교훈을 전달한다. 공자는 이를 통해 균형과 중용의 가치를 강조했다.

세상에 좋은 것은 참으로 많다. 그렇지만 그것이 무엇이든 적당하지 않고 과하면 문제가 될 수 있다. 친구 사이도 너무 가까이 지내다 보면 탈이 나기 마련이다. 뉴스를 봐도 알 수 있다. 가장 가까운, 어쩌면 과하게 친한 측근에 의해서 비리가 폭로되고 높은 자리에서 내려와야 하는 경우도 있지 않던가.

지금 당신이 가장 좋아하는 것은 무엇인가? 혹시 그것이 당신에게 주는 즐거움과 기쁨으로 인해 삶에서 정말 중요하고 소중한 것을 잃고 있지는 않은가? 아무리 좋고 맛있는 음식도 과하게 섭취하면 탈이 나기 마련이다. 당신은 지금 어떤 좋은 것들에 푹 빠져 있는가? 그것이 사람이든 무엇이든 너무 과하거나 차고 넘치면 오히려 우리 삶에 부정적인 영향을 미칠 수 있음을 기억해야 한다. 특히 좋은 것일수록 적당하고 과하지 않게 대하는 지혜를 가져 보면 어떨까?

session 15

애착 관계를
벗어난 이들에게 열리는 문

건강한 경계

　　　　　　　　병원에서 사망한 지 얼마 되지 않은 사람의 병실에 방문하거나 시체를 본 적은 여러 번 있었다. 그러나 임종이 정말 임박한 사망 직전의 환자를 만난 적은 드물었다. 미국 뉴저지주의 한 대학병원에서 CPE(Clinical Pastoral Education, 영적 돌봄 프로그램) 인턴으로 근무할 때 목격한 안타깝고 가슴 아픈 장면이 아직도 내 뇌리에 선명하게 박혀 있다.

　병원에서 일할 때 늘 지니고 다니는 호출기에 '코드블루(code blue)'가 떴고 지정 병실로 향했다. 코드블루는 심장마비나 호흡기 관련 문제 등 환자의 응급 상황을 알리는 병원의 응급 코드이다. 병실에 도착하자 그곳에 있던 간호사가 병실을 막 들어서는 내 손을 잽싸게 낚아채서 병실과 조금 떨어진 곳에서 내게 귓속말로 부탁했다.

60대 여성 환자분이 의학적으로 봤을 때 돌아가실 때가 한참 넘었는데(?) 돌아가시지 못하고 있으니 좀 도와 달라고 했다. 그러게 되면 환자 본인도, 지켜보는 사람들도 모두 다 힘들다는 것이었다. 나는 처음에 그 간호사의 말이 의아하고 듣기 거북했다.

'돌아가실 시간이 되었다'는 것이 도대체 무슨 말인가? 또 돌아가실 시간이 되었다는 것을 정확히 어떻게 알 수 있는지가 의문이었다. 그러나 그 간호사는 나름 진지했고 나는 그녀의 간호사로서의 프로페셔널리즘을 의심할 하등의 이유가 없었다. 그녀는 분명 환자를 위하는 사람일 것이었다.

간호사는 환자의 두 아들이 엄마 곁에서 너무 많이 우는 바람에 어머니께서 숨을 거두지 못하고 있다고 하였다. 그러니 두 아들을 잘 달래서 이제 어머니와 작별 인사를 나누고 어머니를 편히 보내 드릴 수 있도록 설득해 달라는 부탁이었다.

내가 그 병실을 들어갔을 때 덩치가 엄청 큰 정장 차림의 중년 남성 두 명이 침대 양옆에서 엄마의 손을 꼭 잡고 소리 내어 울고 있었다. 그 둘의 울음소리는 마치 새끼 사자 두 마리가 생을 마감하는 어미 사자 곁에서 포효하는 것같이 크고 진동 있는 오열이었다. 몸을 앞뒤로 흔들며 슬피 울고 있는 그들의 모습이 얼마나 간절한지 나도 가슴이 먹먹해 왔다. 절절한 모자의 정과 사랑을 내가 어떻게 떼어 놓겠는가? 1초라도 더 어머니와 함께 있고 싶은 아들의 심정을 그 누가 막을 수 있을까?

한참을 기다렸다가 기회를 봐서 두 아들에게 다가갔다. 내가 누구라고 소개한 뒤 간호사에게 들은 엄마의 상황을 잠시 설명했다. 그들도 엄마의 병세와 상황을 지켜본 터라 무슨 말인지 이해하는 것 같았다. 단지 그들의 가슴이 아직 동의하지 못하고 있을 뿐이었다. 머리로 이해는 하지만 그래도 혹시 남아 있을지 모르는 일말의 희망 끝자락을 두 아들은 울음소리를 뿜어내어 엮은 강한 줄로 꼭 붙잡고 있었다. 그러니 어떻게 그 울음을 멈추겠는가?

어머니를 향한 사랑과 안타까운 심정은 알겠는데 이제는 어머니를 위해서 어머니의 손을 놓아드리자고 부탁했다. 두 아들의 울음이 좀 잦아들 즈음 나는 임종을 코앞에 둔 피골이 상접한 어머니의 귀에 대고 귓속말로 속삭였다. 그동안 수고 많으셨다고, 두 아드님이 엄마를 무척이나 사랑하고 있는 것 아시지 않냐고…. 그녀는 게슴츠레 눈을 떴다 감았다 하면서 나의 얘기를 듣고 있는 것 같았다.

그녀의 정신은 오락가락하는 것 같았고 약간 고통스러워 보였다. 호흡이 어려운지 마치 큰 한숨을 쉬듯 불규칙하게 숨을 쉬고 있었다. 나도 간호사의 말대로 어머니 자신을 위해서도 이제 그녀를 놓아 드리는 것이 맞다는 생각이 들었다.

병실을 나오기 전 모두의 동의하에 나는 어머니와 두 아들과 함께 마지막 기도를 드렸다. 하나님의 크신 사랑과 위로와 평안하심이 그들과 함께하기를 간절히 빌었다. 몇 시간 후 간호사에게서 연락이 왔다. 두 아들의 어머니는 편안히 눈을 감으셨다고 했다. 그들의 소중한 마지막 순간을 함께해 준 나에게도 감사의 인사를 전했다.

이별은 많은 경우에 어렵고 고통스럽다. 특히 사랑하는 사람들의 존재가 이 땅에서 영원히 사라진다는 것은 나의 일부가 떨어져 나가는 괴로움을 의미한다. 그러나 이별은 유한한 인간이 겪어야 하는 삶의 한 부분이고 피할 수 없는 숙명이다. 연로하신 부모님을 모시는 사람들은 늘 의식의 한쪽에 이별의 준비를 하며 살아갈 수밖에 없다. 이러한 헤어짐에 대한 인식이 사랑하는 이들과의 시간을 더욱 귀하고 소중하게 만들어 준다.

인간관계에서의 애정과 친밀함의 형태와 구조를 이해하는 데 영국의 심리학자인 존 볼비(John Bowlby, 1907~1990)가 발전시킨 애착이론(attachment theory)이 도움이 될 수 있다. 애착이론은 어릴 때 부모 혹은 초기 양육자와 유아 간의 유대가 성인의 관계에 미치는 영향을 강조한다.

이 이론은 안정적인 애착 유형을 가진 사람은 '건강한 경계(healthy boundaries)'를 설정할 가능성이 더 높다고 주장한다. 즉, 안정적인 애착 유형을 가진 사람이 자신의 필요를 이해하고 효과적으로 전달할 뿐만 아니라 타인의 경계도 존중할 수 있다는 의미이다.

참고로 건강한 경계는 나와 타인 사이에 적절한 거리를 유지하는 능력으로, 신체적·정서적·심리적 측면 모두를 포함한다. 이것은 자신과 타인의 감정과 공간을 존중하는 것으로서 서로의 책임을 명확히 인지함을 의미한다. 건강한 경계를 가진 사람은 타인에게 "아니요."라고 말할 수 있는 용기가 있으며 자신을 돌볼 수 있고 자신의 행복을 책임질 수도 있다.

애착이론은 스위스 정신의학자이자 분석심리학자인 카를 융(Carl Jung, 1875~1961)의 '개인화 과정(the process of individuation, 온전한 한 인간으로 독립해 가는 과정)'과 연관성을 지닌다. 쉽게 말해서, 개인화는 부모나 문화적 규범 등의 집단으로부터 분리되어 고유한 개인으로 성장하는 과정을 말한다.

융 심리학, 분석 심리학(analytical psychology) 혹은 심층 심리학(depth psychology)의 중심에 개인화 과정이 자리한다. 어릴 때 부모나 초기 양육자들과의 안정적이고 건전한 애착이 잘 이루어졌다면 개인화 과정도 순조롭게 진행된다.

어머니의 손을 놓아드리지 못해서 짐승이 포효하듯 슬피 울부짖던 두 아들의 어머니와의 애착 관계와 개인화 과정이 어떠했는지 나는 정확히 알 수 없다. 확실한 것은 이제 드디어 시간이 되었다는 것이다. 아들이 어머니를 성인 대 성인으로 떠나보

내 드려야 하는 순간이 코앞에 와 있었다. 어머니의 육신과 영혼에서 영양분을 빨아먹던 탯줄을 끊어야 할 시간을 더 이상 지체해서는 안 되었다.

어머니의 손을 놓아 드리는 것은 나를 인간으로서 존재하게 한 나의 원형 혹은 뿌리와의 이별을 의미한다. 생명줄이었던 어머니와의 연결고리를 끊어 내는 것은 홀로서기를 결심하는 용기의 일환이다. 또한 어머니의 손을 떨쳐 버린다는 것은 어머니가 자식인 나에 대한 책임감을 내려놓아도 된다는 의미로, 어머니에 대한 배려이기도 하다.

한국 사회에서 며느리와 시어머니와의 관계가 복잡하고 어려운 것은 아들이 엄마와 연결된 탯줄을 온전히 끊어 내지 못한 것에 기인할 수도 있다. 탯줄을 자른다는 것이 어머니를 무시하거나 존중하지 않는다는 것은 절대 아니다.

당연히 부모를 공경해야 하고 개인적으로는 부모님과 가까이 지내는 것이 여러 가지 면에서 좋다고 생각한다. 필요하고 여건이 허락한다면 연로하신 부모님을 모시고 함께 사는 것도 충분히 가능하다.

탯줄을 끊어 내는 것은 이제 아이가 아닌 성숙한 성인으로 어머니와 새롭게 관계를 구축하는 것의 중요성을 의미한다. 결혼해서 아내와 함께 새 가정을 꾸려 나가야 하는데 남편의 탯줄이 아직 그의 어머니와 단단하게 연결되어 있다면 과연 독립된 부부로서 아내와의 합일이 가능할까 하는 의문이 들 수밖에 없다.

학생들도 마찬가지이다. 선생님의 입에서 나오는 말만 생각 없이 받아들여서는 안 된다. 선생님의 말씀이 정말 그런지 혹은 다른 각도로 그 문제를 바라보고 분석해야 하는 것은 아닌지를 독자적으로 생각해 봐야 한다.

부모님, 선배, 동료, 혹은 성직자를 포함한 사회 지도자를 의지하고 그들의 지혜를 유용하게 사용할 수도 있다. 그러나 시간이 되면 그들의 손을 놓아주어야 한다. 그들의 선한 영향력은 우리의 시스템 안에 계속 존재할 것이다. 우리의 성장과 도약을 위해서는 꼭 잡고 있던 손을 풀어야 하는 순간이 온다. 어쩌면 그들과 우리 모두를 위해서 말이다.

우리에게 힘이 되어 주는 지렛대를 잠시 내려놓는 포기가 항상 나쁘지만은 않다. 내 스스로의 힘을 기를 수 있는 시간을 취득하는 것일 수도 있다. 때에 따라서는 한 단계 업그레이드된 전혀 다른 지렛대를 잡을 수 있는 기회가 되기도 한다.

지금, 이 순간 우리가 꼭 잡고 놓지 못하고 있는 손은 누구의 손인가? 그 손의 따스함과 위로와 지혜가 우리 삶을 유익하고 풍성하게 하고 있을 것이다. 그 손을 잡고 있는 것이 나쁘지만은 않을 수도 있다. 어쩌면 그 손이 지금 우리에게 꼭 필요한 손일 수도 있다. 그러나 동시에 그 손을 놓아주어야 하는 순간이 어쩌면 바로 지금일 수도 있음을 우리는 한번 생각해 봐야 한다.

session 16

뼛속까지 이기적인 우리를
서로 보듬어 안기

나르시시즘

　　　　　　　　미국 뉴저지에 있는 대학병원에서 CPE (Clinical Pastoral Education, 영적 돌봄 프로그램) 인턴으로 근무할 때 사람들이 얼마나 이기적인가를 체험하고 확신할 수 있었던 두 가지 사건이 있었다.

　한 달에 한 번가량 온 콜(on call), 즉 야간 당직 근무를 했다. 병원 당직실에는 원룸 같은 작은 방이 여러 개 있었는데 주로 당직 의사들과 우리 같은 CPE 인턴들이 사용했다.

　당직을 하는 모든 의료진은 물론이고 나와 같은 CPE 인턴들 모두 근무할 때 호출기를 가지고 있었다. 호출기에 '코드블루 (code blue)'가 뜨면 5~10분 내로 병원 안에 있는 호출 장소로 가야 한다. 코드블루는 심장마비나 호흡기 관련 문제 등 환자의 응급 상황을 알리는 병원의 응급 코드이다. 주로 응급실(ER) 쪽에서 호출이 많은데 헬기나 구급차로 실려 온 응급 환자들은 거의 모두 응급실로 이송되기 때문이다.

당직 근무를 할 때는 언제 어디서 누가 불러도 뛰어갈 수 있는 준비 태세여야 한다. 그래서 당직실 침대에서도 잠옷이 아닌 평상복을 입고 잠을 잤다. 세월이 한참 지난 지금도 진료받기 위해서 병원에 있을 때 방송으로 '코드블루' 멘트가 나오면 나도 모르게 빨리 뛰어가야 할 것 같은 느낌을 받곤 한다. 그날 밤에도 당직 근무를 하고 있는데 호출기가 울리며 코드블루가 떴다. 이번에는 응급실이 아닌 중환자실이었다.

내가 도착한 곳은 중환자실 바로 옆에 있는 작은 상담실처럼 생긴 접견실 방이었다. 서너 평짜리의 아담한 방이었는데 소파 옆에 있는 작은 램프만 켜져 있어서 좀 어두웠다. CPE 인턴으로서의 나의 역할은 가족 혹은 유가족을 위로하고 상담하면서 그들의 정신적, 영적 필요를 찾아내서 채워주는 것이었다.

젊은 부부가 앉아 있었고 특히 아내가 소리 내어 울고 있었다. 그녀의 어머니가 방금 운명하셨다고 간호사가 급히 들어오는 나에게 일러주었다. 남편은 아내의 어깨를 감싸며 달래고 있었다. 나는 울고 있는 아내가 앉아 있는 소파 바로 옆에 앉았다. 아마 새벽 1~2시였던 것 같다.

우선 그녀에게 내가 누구라고 소개했다. 아내는 울면서 티슈를 끊임없이 뽑아서 눈물과 콧물을 닦았다. 울음이 좀 잦아들 무렵 그녀가 나를 보더니 목멘 소리로 슬픈 감정을 토로하다 울다가를 반복했다. 그때 나는 그녀의 배를 보고 임신한 사실을 알았다.

"엄마가 우리 첫아기 보기를 얼마나 원하셨는지 몰라요. 제가 처음 임신했을 때 저보다 엄마가 훨씬 더 좋아하셨어요. 아기를 낳으면 엄마가 전적으로 다 돌봐 준다고 하시면서요. 저와 남편 모두 풀타임(full-time)으로 일하고 있거든요. 엄마가 저희 집 바로 옆에 사신 것도 그 이유 때문이었어요."

그녀는 고개를 양옆으로 계속 저으며 눈물을 흘리고 연신 콧물을 닦았다. 어머니가 방금 돌아가셨다는 사실이 마치 꿈인 것처럼 그녀는 몽롱해하기도 하고 때론 멍해 있기도 했다.

"아. 그러셨군요. 정말 무어라고 드릴 말씀이…."라는 말만 내 입안을 맴돌았다. 출산이 가까운 듯 꽤나 불러 있는 그녀의 배를 보면서 나는 그녀가 아기를 위해서도 진정하기를 바랐다.

"저와 엄마는 정말 친구처럼 가까웠어요. 아기를 가지는 것에 별로 신경을 쓰지 않고 있던 저에게 엄마는 가능한 한 아직 젊을 때 빨리 아기를 가져야 한다는 얘기를 자주 했어요. … 아 정말, 제가 임신한 사실을 아시고 엄마는 저보다 더 기뻐하시면서 축하해 주셨거든요."

잠시 후 간호사가 우리에게 와서 이제 돌아가신 어머니를 볼 수 있으니 함께 가자고 했다. 지금까지 간호사들이 돌아가신 어머니의 몸에 달려있던 호스 등 모든 기구를 다 빼내느라 시간이 걸린 거였다. 나중에 간호사로부터 들었는데 코와 입 등에 고여 있는 그래서 자꾸 밖으로 흘러나오는 피와 같은 이물질을 어느 정도 닦아내고 정리하느라 시간이 많이 지체되었다고 했다.

젊은 부부와 함께 나는 돌아가신 어머니가 누워 있는 방으로 들어갔다. 어머니의 코와 입은 솜이나 거즈 같은 것으로 막아 놓은 상태였다. 자그마한 체구의 어머니는 아직 젊어 보였다. 하얀 시트는 그녀의 가슴까지만 올려져 있었다. 돌아가신 지 얼마 되지 않아서인지 곧 침대에서 일어날 것처럼 고요히 잠들어 있는 것 같았다.

그렇게 한 여성이자 엄마인 그녀의 영혼이 자기 육체를 병원 침대 위에 두고 홀연히 종적도 없이 어디론가 떠나버린 것이다. 자신도 이제 곧 엄마가 될 딸은 엄마의 손과 얼굴 그리고 온몸을 어루만졌다. 그리고 주체할 수 없는 오열과 함께 엄마를 자꾸 불렀다. 그러고는 침대 옆에 놓여 있던 엄마의 안경을 엄마에게 씌워드렸다. 그녀는 "엄마는 시력이 나빠서 잠시도 안경이 없으면 아무것도 볼 수가 없어요."라고 간호사에게 얘기했다.

엄마에게 안경을 씌워드리고 난 뒤 딸은 마치 엄마가 자기를 바라보고 있는 것처럼 엄마에게 속마음을 거침없이 쏟아 놓았다. 남편과 간호사, 그리고 나는 숨을 죽인 채 각자의 자리를 지키고 가만히 서 있었다.

"엄마. 이렇게 가시면 안 돼요. 엄마 첫 손자 안 안아 보실 거예요? 저와 약속하셨잖아요. 제가 출산하는 것 도와주시겠다고. 엄마가 저한테 아기 낳으라고 말씀하신 것 잊어버리셨어요? 우리 아기 태어나면 엄마가 대신 다 키워 주시겠다면서요?"

그녀는 계속 말을 이어갔다.

"엄마. 이제 저는 어떡해요? 출산일이 다가오는데 저 혼자 어떻게 몸을 풀고 아기를 키우겠어요? 엄마 이러시면 안 되죠."

그녀의 울음 섞인 얘기를 듣고 있다가 갑자기 이상한 생각이 들기 시작했다. 그녀는 돌아가신 엄마 때문에 슬퍼서 우는 것인가? 아니면 출산 후 육아를 자기 대신 책임져 줄 것으로 기대했던 손자 키워 주실 할머니로서의 엄마의 부재가 더 슬픈 것인가?

그렇게 나는 친정 엄마를 잃은 젊은 임산부 부부와 꽤 오랜 시간을 함께 보내고 이른 새벽이 되어서야 겨우 당직실로 걸음을 옮길 수 있었다. 당직실 안의 내 방에 들어와서도 나는 한참을 멍하니 그냥 침대에 앉아 있었다. 무언가 꺼림칙한 느낌이 자꾸 내 뒤통수를 잡아당겼다. 그녀의 울음이 왠지 나를 서글프고 쓸쓸하게 했다. 우리 인간은 정말 끝까지 내 이익 챙기기에 급급한 이기적인 동물이라는 사실을 한 번 더 곱씹게 하는 새벽이었다.

인간의 철저하게 자기중심적인 성향을 절실하게 깨닫게 된 또 하나의 사건이 있었다. 그것은 몇 시간 전 사망한 어느 젊은 남성의 가족과 담당 의사의 접견 회의에 참석했을 때였다. 그곳에는 만약의 경우를 대비해서 병원 보안 경찰관도 와 있었다. 사망한 남성이 누워 있는 병실 근처의 제법 큰 회의실이었다. 그곳에는 사망한 남성의 아들딸 6~7명이 둘러앉아 있었다.

그중 덩치가 제일 큰 맏아들 잭슨(Jackson, 가명)이 아버지를 살려 내라고 갑자기 일어나서 소리를 지르며 담당 의사에게 대들면서 욕하기 시작했다. 보안 경찰관과 그곳에 있던 사람들이 다 뜯어말리느라 애를 먹었다. 그러나 그는 책상을 뒤엎고 의자를 던지는 등 고삐 풀린 망아지처럼 길길이 날뛰었다. 그가 크게 소리를 지르고 울며 했던 얘기는 이러했다.

10대 후반인 잭슨은 아버지를 도와 어린 동생 5명의 생계를 책임지고 있었다. 아버지는 같지만 2~3명의 다른 어머니에게서 난 배다른 형제자매들이었다. 그들의 어머니들은 모두 옛날에 가출한 상태였다. 잭슨은 흰 유니폼을 입고 있었는데 알고 보니 그날이 바로 그가 다니던 제과 제빵 전문학교 졸업식이 있던 날이었다.

유일한 부모였던 아버지가 잭슨에게 뜻깊은 졸업식에 참석하시기는커녕 심장마비로 갑자기 돌아가신 것이다. 그는 짐승처럼 슬피 울며 부르짖었다. 담당 의사에게 자기 혼자 5명의 동생을 먹여 살릴 수 없으니 대신 책임지든지 아니면 무슨 수를 써서라도 아버지를 살려 내라고 했다. 그리고 심문하듯 물었다. 아버지가 병원에 처음 도착했을 때 정확히 어떻게 응급 처치를 했으며 혹시 놓친 것이 없는지. 그리고 왜 살려내지 못했는지.

이 두 사건 모두 한국이 아닌 미국 병원에서 일어난 일이라는 점에서 문화적인 차이점도 있다. 그렇다 해도 몇 시간 전에 돌아가신 엄마 앞에서 출산과 양육에 대한 걱정을 늘어놓으며 우는 것은 좀 아닌 것 같았다. 잭슨이 방금 돌아가신 아버지를 살려 내야 할 가장 큰 이유가 동생들을 먹여 살려야 하는 책임을 아버지 대신 자신이 짊어질 수 없기 때문이라고 주장하는 것 또한 썩 좋아 보이지 않았다.

오스트리아 출신 미국 정신분석학자인 하인츠 코헛(Heinz Kohut, 1913~1981)은 자기 심리학(self psychology)의 창시자이다. 자기 심리학에서는 개인의 주관적 경험을 통해 그 사람을 이해하려고 노력한다.

자기 심리학에서 중요한 개념 중 하나는 나르시시즘(narcissism, 자기애)이다. 자기 심리학에서 나르시시즘은 발달 과정의 정상적이고 필수적인 부분으로 이해된다. 어릴 때 부모 등 주 양육자와의 관계의 어려움은 나중에 적절한 자아 존중감을 유지하는 데 문제를 일으킬 수 있으며 이것은 나르시시즘에 장애를 일으킬 수 있다고 한다.(Heinz Kohut, 2013)

어느 정도의 자기애(나르시시즘)가 타인과의 관계에 건강하고 유익한 영향을 미칠 수 있는 것처럼 적당한 이기심 또한 건전한 인간관계를 형성하는 데 도움이 될 수 있다. 자기애와 이기심이 동일한 것은 아니다. 그러나 자기 자신을 위한다는 의미에서 그 둘을 같은 범주 안에 넣어도 좋다고 본다.

엄마의 죽음 앞에서 태어날 아기를 돌봐 줄 엄마가 더 이상 계시지 않는 것에 대해 슬퍼하는 이기심을 부정적으로만 볼 필요는 없다. 하루아침에 다섯 명이나 되는 어린 동생들의 가장이 되는 것을 아버지가 돌아가신 것보다 더 슬퍼하는 듯한 아직 어린 10대 소년 잭슨의 이기심을 무조건 나쁘다고만 판단해서도 안 될 것이다. 그런데 자기애와 이기심이 막 숨을 거둔 부모님의 임종 앞에서 가감 없이 적나라하게 표현되고 우선시되는 것이 어떤 서글픔과 아련함으로 다가오는 것이 사실이다.

나르시시즘을 논하며 놓치지 말아야 하는 중요한 사실 하나가 있다. 문화적·사회적 혹은 이념적 이유로 인해 나 자신을 위해서 이기적으로 사는 것에 제한이나 규제를 받는 집단들이 있다는 것이다.

우리는 외부적인 요인들로 인해 희생을 강요당하는 특정 그룹의 사람들에 대해서도 생각해 볼 필요가 있다. 예를 들자면 종교 지도자, 교육자 그리고 모두의 가까이에 있는 우리의 어머니들이 그러할 것이다. 특히 한국 기성세대 어머니들이 자기 자신을 먼저 돌보고 생각하는 것은 낯설고 심지어 뭔가 잘못된 일로 여겨지기도 한다. 한국 문화에서 엄마라는 존재는 희생과 봉사와 이타심의 상징으로, 가족의 유익을 위해서 자기를 버리는 것이 당연하게 여겨지기 쉽다. 그러나 이러한 당연함이 과연 누구를 위한 당연함일까?

가족과 사랑하는 이들의 건강하고 행복한 삶을 먼저 챙기느라 스스로를 방치한 대가로 많은 한국 여성과 어머니가 '한'을 품고 살 수밖에 없다. 그 한은 결국 언젠가 남편과 자식과 가까운 사람들에게 부메랑으로 돌아갈 수 있음을 기억해야 한다.

우리는 가족과 사회라는 공동체 안에서 우리의 정체성을 생성하고 발전시켜 나간다. 나와 타인은 서로 존재를 확인받는 동시에 확인해 주며 시너지 효과를 누린다. 나와 다른 사람들의 행복과 불행이 알게 모르게 촘촘히 얽히고설켜 있다는 것이다.

많은 경우에 쌍방이 동등하고 평등한 위치에 있을 때 이러한 상호작용이 유효하고 순기능을 한다. 그러나 한국 사회의 어머니들은 과연 가족이라는 집단 안에서 다른 구성원들과 동등한 위치에 서 있다고 할 수 있는 것일까?

오랜 시간 쌓여온 어머니들의 일방적이고 당연한 희생과 봉사의 부작용들이 만들어 낸 결정체가 한이다. 한은 '아픔'과 '고통'과 '억울함'이라는 형태를 가지고 언젠가 그들이 사랑한 이들을 공격할 것이다. 그것은 결국 가족 혹은 더 나아가 사회의 전반적인 안녕에 역으로 작용할 수밖에 없다. 황혼 이혼이 그 한 예이다.

  적당한 이기심과 자기애는 모든 생물체의 생존에 없어서는 안 될 중요한 요소이다. 그러나 그 강도와 방향이 잘못 설정되어 있거나 어느 한쪽으로 잘못 치우쳐 있다면 내가 몸담고 있는 가정과 단체에 부정적인 영향을 끼칠 수도 있음을 기억해야 한다. '과한 이기심'의 표출과 인위적으로 저지당한 자기애로 인해 생성된 부작용인 '한' 둘 다 자신과 타인 모두에게 결국 부정적으로 작용할 수 있다.

  우리의 DNA는 끝없이 이기적인 것이 맞다. 그런 의미에서 우리는 가능한 한 조금 덜 이기적이고, 조금 더 이타적이 위한 지속적인 노력을 게을리해서는 안 된다. 동시에 나 혹은 타인의 건강한 자기애가 부정되거나 무시당하는 것을 눈감아 주는 것은 더더욱 지양되어야 할 것이다.

  "출장 가 있다고 생일 축하 문자 한 통 보내지 않는 내 여자친구는 왜 그렇게 자기 일에만 몰두하는 걸까?", "사랑하는 남편은 왜 나를 무시하고 자기가 좋아하는 음식점만 가려고 하는 사람으로 변했을까?", "내 아들은 왜 아버지인 나에게 안부 전화 한 통 없는 걸까? 나를 정말 아버지로 인정하기는 하는 것인가?", "내가 의도하는 것도 아닌데 왜 나는 남편과의 관계에서 늘 이렇게까지 이기적인 걸까?"

우리는 모두 각자도생을 위해서 최선을 다한다. 뼛속까지 자기 자신의 이익만을 추구하는 DNA를 타고났으니 어쩌겠는가? 그래서 쉽지는 않겠지만, 나와 또 다른 사람들을 위해서 가끔씩은 나의 이기심을 내려놓을 줄도 알아야 한다. 동시에 상대방이 고집하는 그들의 이기적인 행동을 이해하고 보듬을 줄 아는 아량과 자비를 발휘하는 지혜를 가져보는 것은 어떨까?

session 17

사랑한다면
융통성이 필수다

자기 신뢰

뉴저지의 대학병원에서 내가 상담했던 젊은 러시아 여성 환자 올가(Orga, 가명)를 떠올릴 때면 늘 내 가슴 한구석이 찡하니 아려 온다. 그것은 올가가 처했던 기구한 운명도 운명이지만 무엇보다도 나 자신에 대한 후회와 실망 그리고 아쉬움 때문이기도 하다.

CPE(Clinical Pastoral Education, 영적 돌봄 프로그램) 인턴으로 내가 했던 일 중 하나는 병실을 돌면서 환자와 그의 가족을 상담하고 원하면 함께 기도해 주는 것이었다. 그들이 나에게 와 달라고 요청해서 가기도 하고 어떤 경우는 내가 자발적으로 병실을 방문하기도 했다.

올가는 내가 병실을 돌면서 우연히 만난 20대의 젊은 러시아 여성이었는데 오른쪽 다리를 절단하고 목발을 짚고 있었다. 절단한 다리 끝부분인 허벅지 위쪽에 달아 놓은 비닐봉지 안으로 피고름 같은 이물질이 뚝뚝 떨어지고 있었고 그녀는 많이 고통스러워했다. 생살이 갑자기 떨어져 나간 지 얼마 되지 않아서인지 절단 수술 후 꿰매 놓은 허벅지 부분이 마치 아우성을 치고 있는 것 같았다.

몸의 일부를 잃는다는 것은 그 누구에게도 상상조차 할 수 없을 만큼 충격적이고 슬픈 일임에 틀림없다. 특히 이제 갓 피어나는 20대 여성에게 다리 한쪽이 없어진다는 것은 아무리 생각해 봐도 가혹하게 느껴졌다. 그럼에도 불구하고 올가의 아름다운 얼굴에는 애써 희망을 놓지 않고 끝까지 버텨 보려는 강한 의지와 발버둥의 흔적이 역력했다.

올가는 금발의 긴 머리카락을 어깨 너머로 늘어뜨리고 침대에 걸터앉아 있었다. 그녀는 보호자나 가족 없이 혼자였다. 알고 봤더니 친정 식구들은 모두 러시아에 살고 있고 자기 혼자 결혼해서 미국에 와 있다고 했다. 그녀가 한쪽 다리를 잃게 된 안타까운 사연은 이러했다.

올가는 몇 년 전 미국 남자를 만나 사랑에 빠졌고 결혼했다. 그런데 남편은 아내인 올가를 구타하는 등 학대하고 점점 폭군으로 변해갔다. 그러던 어느 날 밤에 남편이 아내 올가에게 담배를 사 오라고 시켰다. 밤 늦은 시간이었고 담배를 파는 편의점까지 가려면 고속도로를 둘러서 가야 했다. 그녀는 남편에게 다음 날 아침까지 좀 참으라고 했지만 남편은 막무가내였다.

어쩔 수 없이 올가는 담배를 사러 마지못해 집을 나섰다. 가장 가까운 편의점이 그리 멀지 않은 곳에 있었다. 하지만 올가의 집과 편의점 사이를 고속도로가 가로지르고 있다는 것이 문제였다. 늦은 시간이었고 한참을 돌아가야 하는 번거로움을 덜기 위해서 올가는 치명적 결정을 내리고 말았다. 어둡고 컴컴한 야밤중에 고속도로를 무단으로 횡단한 것이다.

올가는 위험을 무릅쓰고 길을 건너다 결국 전속력으로 달려오던 자동차에 치이고 말았다. 그렇게 그녀는 병원 응급실에 실려 왔고 장시간의 수술에도 불구하고 오른쪽 다리를 허벅지 위쪽까지 절단해야만 했다. 사고의 심각성을 고려하면 그래도 한쪽 다리만 잃고 목숨을 구한 것은 천운이었다. 아직 나이도 어리고 물선 머나먼 타국 땅 미국에서 엄청난 사고를 당했기에 충격이 더 컸을 것이다. 그녀의 아름다운 짙은 파란색 눈에 소리 없이 고이는 눈물이 나를 슬프고 안타깝게 했다.

나를 정말 황당하고 절망하게 한 것은 다름 아닌 그녀의 남편이었다. 그녀가 병원에 실려 온 지 벌써 수일이 지났는데도 남편은 병간호는 고사하고 아내를 한 번도 찾아오지 않고 있었다. 친정도 없는 이국에서 다리가 절단되는 끔찍한 사고를 당한 아내를 내팽개친 남편의 수상하리만큼 이상한 머릿속에 한번 들어가 보고 싶을 정도로 나는 화가 치밀어 올랐다. 비정한 아내나 남편 혹은 가족을 한두 번 봐온 것은 아니었지만 올가 남편의 경우는 최악이었다.

 병원 측과 또 아내 올가와 직접 전화 통화를 여러 번 했음에도 불구하고 미국에서 그녀의 유일한 가족인 남편은 얼굴 한번 내비치지 않고 있었다. 올가는 그런 무관심한 남편이 너무 괘씸하고 섭섭하다고 하면서 연신 눈물을 쏟아 냈다. 나는 그가 왜 그토록 아내 올가에게 무관심하고 무책임한지 가늠할 길이 없어서 더 안타까웠다.

 그 무심한 남편은 어쩌자고 혈혈단신 자기 하나만을 믿고 미국까지 건너와서 살고 있는 러시아 아내를 이렇게 내팽개친다는 말인가? 그것도 자기가 억지로 한밤중에 담배를 사 오라고 시켜서 교통사고를 당하고 한쪽 다리를 절단한 상황인데 이렇게 나 몰라라 할 수 있단 말인가!

 그래도 올가는 끝까지 남편이 언젠가는 자기를 보러 병원에 올 것이라고 굳게 믿고 있는 것 같았다. 부부 사이의 일은 부부만 안다고들 한다. 그런 면에서 나는 남편에 대한 올가 나름의 신뢰와 긍정적인 감정을 존중할 수밖에 없었다. 나 역시도 올가 남편에 대한 한 가닥의 희망의 끈을 놓지 않으려 최선을 다했다.

 그렇게 나는 올가와 꽤 오랜 시간의 상담을 마치고 그녀의 병실을 나왔다. 나의 몸과 마음 모두 많이 소진된 상태였고 올가의 안쓰러운 현재 상황이 내 발걸음을 무척이나 무겁게 하고 있었다. 얼마를 걸었을까. 희미한 발자국 소리가 들렸고 누군가가 내 뒤에서 나를 따라오는 듯한 느낌에 뒤를 돌아보았다. 아니나 다를까 올가였다.

혹시 내게 무슨 할 말이 있냐고 물었더니 그녀는 한참을 망설였다. 마치 잘못을 저질러 선생님 앞에 서 있는 기죽은 아이 같았다. 그러고는 "아. 정말 죄송한데… 혹시 제게 20달러(한화 약 2만 7천 원)만 주실 수 없을까요?"라고 물었다. "담배가 정말 피우고 싶은데 수중에 돈이 하나도 없어서요. 안 되겠죠?"라고 수줍게 말을 흐렸다.

내 지갑에는 20달러가 있었고 나는 올가에게 당장 20달러를 꺼내서 주고 싶었다. 그녀가 얼마나 담배가 피우고 싶었으면 나에게 돈을 달라고 할까 하는 생각이 들었다. 그러나 나는 내 손이 지갑에 닿기 전에 감정에 치우쳐 있던 나 자신을 이성 쪽으로 애써 몰아넣었다. 그렇게 해야 했다. 정신을 차리고 내가 누구인가를 그리고 내가 왜 여기 이 대학병원 복도에 서 있는가를 생각하지 않을 수 없었다. 나는 어떻게 해야 할지 잠시 생각했다. 그리고 지금에 와서야 생각해 보니 너무 안타깝게 느껴지는 결정을 내리고 말았다.

"올가. 내 마음 같아서는 정말 올가에게 20달러를 주고 싶어요. 줄 수도 있어요. 올가가 오죽했으면 나에게 그런 부탁을 했을까요? 그런데 병원 규정상 환자들과 돈거래를 하는 것이 금지되어 있어요. 안타깝지만 어쩔 수 없이 올가의 부탁을 거절해야 하니 이해해 주세요. 그리고 미안해요."

나는 정말 미안했다. 올가에게 20달러를 주고 싶은 마음이 굴뚝 같았으나 정중히 거절할 수밖에 없었다. 20달러를 꺼내서 주고 싶은 것을 참느라 무척 고통스러웠다. 환자가, 그것도 병원에서 담배를 피우는 것도 문제였지만, 병원에서 근무하는 사람들이 환자들과 돈거래를 하는 것 또한 병원 규칙에 어긋났다. 그럼에도 불구하고 피붙이 하나 없는 이국땅 미국에서 그것도 남편은 코빼기도 보이지 않는 상황에서 그녀는 돈이 얼마나 아쉬웠을까 하는 생각을 하면 나는 지금도 코끝이 찡해 온다.

올가는 내 말뜻을 잘 알아들었다는 듯이 수줍게 괜찮다고 했다. 그러고는 뒤돌아서서 목발을 짚고 한쪽 다리를 끌며 천천히 자기 병실로 돌아갔다. 그녀의 뒷모습이 얼마나 외롭고 쓸쓸해 보이던지 그녀를 빈손으로 돌려보내야 하는 나 자신이 밉고 야속하기까지 했다. 그녀의 절뚝거리는 뒷모습을 바라보면서 나는 속으로 되뇌었다.

'아. 아무도 모르게 조용히 올가에게 20달러 좀 주면 안 될까?'

그 일이 있은 뒤, 올가의 애원하는 듯한 모습이 계속 눈에 아른거려서 괴로웠다. '눈 딱 감고 그녀에게 그냥 20달러 줄걸' 하는 후회가 생기곤 한다. 그때 나는 알았다. 이웃을 사랑하는 데에도 어느 정도의 융통성이 필요하다는 것을.

물론 사람과 상황 등에 따라 '융통성'의 정의와 해석이 다 다를 것이다. 그러나 시간이 꽤 오래 지난 지금까지도 올가만 생각하면 내 마음 한구석이 아리고 편치 않은 걸 보면 나는 그때 좀 더 융통성을 발휘했어야 하지 않나 하는 생각을 떨쳐낼 수 없다.

어떤 이유에서든지 환자와 돈거래를 하는 것이 금지되어 있음에도 불구하고 지금 같으면 20달러짜리 지폐 하나를 올가가 안 보는 사이에 그녀의 침대에 살짝 실수로(?) 떨어뜨려 놓고 나올 수 있을 것 같다. 물론 CCTV가 어디인가 달려 있어서 내 행동을 녹화하고 있을 수도 있다. 담배가 그녀에게 해롭다는 것을 모르는 바 아니지만 그렇게 눈물겹게 담배가 피우고 싶다는데 어떻게 하겠는가?

물론 올가는 언젠가는 백해무익한 담배를 덜 피우거나 끊어야 하는 것이 옳다. 그러나 뼛속까지 외로운 올가의 심정이 잠시나마 위로받을 수 있다면 담배 한 개비 피우는 것이 그렇게 큰 죄가 되는 걸까? 그때 나는 배웠다. 이웃 사랑에도 융통성이 필요하다는 사실을 말이다.

담배가 몸에 해롭고 또 직원이 환자에게 돈을 주는 것이 금지되어 있다 할지라도 한쪽 다리를 잃고 남편을 애타게 기다리는 올가의 마음에 한 모금의 안식처가 될 수 있다면 담배 살 돈 20

달러를 주는 것이 잘못된 것일까?

　인지부조화(cognitive dissonance)라는 심리학적 개념은 미국 사회심리학자인 레온 페스팅거(Leon Festinger, 1919~1989)가 발전시킨 인간 심리의 한 현상이다. 이것은 신념과 태도 그리고 행동 사이의 불일치로 인한 불편함과 긴장감을 의미한다.

　다이어트하고 싶은 마음은 간절한데 밤에 야식을 먹는 즐거움을 도저히 포기하지 못한다는 것도 인지부조화의 한 예이다. 날씬하고 건강한 몸매를 유지하는 것의 유익한 점들이 눈에 훤히 보임에도 불구하고 야밤에 당기는 족발과 치킨의 유혹을 물리치지 못하는 딜레마를 어찌하랴! 이와 같은 생각과 실제 행동 사이의 부조화는 압박감과 스트레스를 불러일으킨다.

　병원 직원으로서 환자인 올가에게 돈을 주면 안 된다는 것을 잘 알고 있는 나의 머리와 측은하기 짝이 없는 환자 올가에게 돈을 주고 싶은 간절함이 흘러넘치는 가슴 사이의 부조화가 나에게 말할 수 없는 슬픔을 가져다주었다.

　우리는 다른 사람들과 더불어 살면서 이웃을 사랑하는 것의 중요성을 익히 잘 알고 있다. 심지어 기독교 같은 종교에서는 하나님 사랑과 이웃 사랑을 최고의 계명으로 가르친다.

　이웃 사랑 또한 다른 모든 것과 마찬가지로 문화와 사회규범 등의 테두리 안에서 지혜롭게 잘 실천되어야 할 것이다. 그렇지만, 모든 인생사가 흑과 백처럼 분명하게 구분될 수 있는 것은 아니다. 항상 예외는 있기 마련이다. 그런 의미에서 이웃을 사랑하는 일에 있어 도덕과 윤리에 크게 어긋나지 않는다면 과감히 융통성을 한번 가져보는 것은 어떨까?

혹시 우리는 사회와 교육을 통해 정형화된 지식과 삶의 이치들로 세뇌당한 채 심장이 간절히 원하는 것을 무시하거나 고려조차 하지 않고 있는 것은 아닐까? 경우에 따라서는 융통성을 가지고 다른 사람들을 해치지 않는 범위 내에서 어느 정도 개방적이고 열린 마음을 가지고 이웃을 사랑하는 지혜와 재치가 필요하다는 생각을 해 본다.

session 18

사람은 다 똑같음을 인정한다면

삼위일체적 인간

몇 년 전 인상 깊게 본 신문기사 하나가 있다. 그 기사는 세계적으로 잘 알려진 어느 종교 지도자에 관한 것이었다. 그해 마지막 날 중요한 종교 행사를 마치고 난 뒤에 일어난 일이다. 큰 종교 행사 뒤 그 종교 지도자는 산책하며 신도들과 관광객들을 축복하고 있었다. 특유의 인자한 미소로 어린아이들의 손도 잡아 주고 입맞춤을 건넸다. 그런데 그가 마지막 인사를 하고 막 자리를 뜨려는 순간 예상치 못한 일이 일어났다.

그 종교 지도자와의 만남을 고대하며 순서를 기다리던 어느 여성이 그의 오른손을 낚아채듯 끌어당긴 것이다. 갑작스러운 그녀의 행동에 손에 통증을 느낀 듯 그는 왼손으로 그 여성의 손을 두 번 내리치며 뿌리쳤다. 돌아선 그의 얼굴은 굳어 있었고 눈에 띄게 화가 난 표정이었다고 미디어는 보도했다. 그때 제일 먼저 내 머리를 스쳐 지나가는 생각은, '아. 그분도 결국 우리와 똑같은 인간이구나!'였다.

그 종교 지도자는 사건 다음 날인 새해 첫날 그 여성에게 사과의 뜻을 전했다. 그는 "우리는 자주 인내심을 잃는다. 나도 그렇다."라면서, "어제 했던 나쁜 행동에 대해 사과한다."라고 말했다(중앙일보, 2020). 그는 지혜롭게 그리고 신속하게 문제를 잘 해결한 것 같았다. 사과를 받은 여성의 마음도 어느 정도 풀렸을 것이다.

우리가 만약 그 종교 지도자였다면 어떻게 행동했을까 하는 생각을 해 봤다. 아마 거의 모든 사람이 비슷하게 행동하지 않았을까 싶다. 누군가가 갑자기 내 손을 강하게 끌어당긴다면 본능적으로 방어적인 태도를 취하는 것이 자연스럽고 당연한 일이다. 그리고 그런 갑작스러운 행동에 놀라고 화가 날 수도 있다.

여기서 한 가지 짚고 가야 할 것은 바로 그런 인간적이고 극히 자연스러운 행동이 왜 대대적으로 주목받을 수밖에 없었냐는 것이다. 그 이유는 그가 존경받는 종교 지도자라는 사실이다. 신뢰와 존경의 대상인 종교 지도자에 대한 우리의 기대치는 보통 사람들보다 훨씬 높고 엄격한 것이 사실이다. 그것이 우리의 정서에 합리적이고 타당하게 느껴지기 때문일 것이다.

정치, 사회, 종교, 교육 등 각 분야의 지도자들과 연예인을 포함한 유명 인사에 대한 사람들의 기대치는 일반인보다 높다. 윤리적으로, 또 도덕적으로 높은 잣대를 그들에게 갖다 댈 수밖에 없다. 왜냐하면 그들은 다수에게 노출되므로 모범이 되어야 하고 또 영향력을 미칠 수 있는 위치에 있기 때문이다.

자신의 손을 갑자기 끌어당긴 사람에게 화난 표정을 지으며 그 사람의 손을 내려친 종교 지도자는 정말 크게 잘못한 것일까? 그의 행동을 예상치 못한 상태에서 가해진 타인의 행동에 대해 자신을 보호하려는 자연스러운 반사작용으로 이해할 수는 없을까? 종교 지도자를 포함한 사회 지도자들은 어떤 상황 가운데서도 화를 내면 안 되는 것인가? 결국 그들도 우리와 똑같은 인간이지 않은가?

그 종교 지도자가 바로 다음 날 자신의 행동에 대해 사과한 것은 잘한 일이라고 생각한다. 한 해의 마지막 날이며 새해를 코앞에 둔 시점에 그의 축복 기원을 간절히 바랐던 여성의 마음을 위로했다는 차원에서이다. 그녀의 행동이 좀 과격했다 할지라도 그녀에게는 그의 축복의 말 한마디가 간절했을 수 있다.

종교 지도자의 사과가 나에게 다행으로 여겨졌던 또 다른 이유는, 현장에 있었거나 미디어를 통해 그 사건을 전해 들은 모든 사람의 마음을 편하고 따듯하게 해 주었기 때문이다. 그 사람의 행동이 좀 지나쳤다 할지라도 종교 지도자에게 우리가 기대했던 반응은 보통 사람들과는 다른 차원의 대처 방법이었을 것이다. 그의 사과를 통해 우리 모두의 마음이 그가 전달하고자 하는 신의 사랑과 자비를 경험할 수 있었을 것이다.

신의 사랑과 자비를 전하는 말과 행동이 일치했던 종교 지도자의 사과가 우리 마음을 진정시키고 달래 주긴 했으나 좀 더 근본적인 것을 생각해 볼 필요가 있다. 그도 우리와 똑같은 성정을 가진 사람이라는 것이다. 생애 주기로 치자면 인생 후반기 중에서도 후반기의 연세 드신 남성 인간임을 잊어서는 안 된다. 그는 종교 지도자이면서 동시에 우리와 꼭 같은 인간이다.

상담할 때 혹은 평상시에 종교 관련 고민을 털어놓는 학생을 많이 접한다. 얼마 전에도 수업을 마치고 나오는데 어떤 남학생이 급히 따라오면서 나와 상담하고 싶다고 했다. 다음 일정이 있어서 서로 시간을 맞춰 정식 상담 스케줄을 잡기로 하고 우선 가던 길에 서서 잠시 얘기를 나눴다. 그 학생은 오랜 외국 생활을 마치고 막 한국에 들어와 우리 대학에 진학한 학생이었다.

그는 외국에 있을 때 한인 교회에서 찬양 팀 리더도 하고 학생회 임원을 맡는 등 활발히 신앙 생활을 했었다. 그런데 언제부터인가 기독교와 교회에 대해 크게 실망감을 느끼고 이제는 더 이상 교회를 다니지 않는다고 했다. 목사님들과 교회의 지도자들 그리고 같은 기독교 친구들에게 실망했기 때문이었다.

그 학생은 하나님이 계신다면 종교 지도자들과 종교인들이 어떻게 그렇게 행동할 수 있느냐는 회의가 들었다고 했다. 그들이 교회에서 예배드릴 때의 모습과 일상을 살 때의 모습 사이의 괴리가 너무 큰 것이 문제였다. 그 실망감은 기독교인들에게서 그치지 않고 하나님에게까지 번져 갔다. 그는 자신이 갖게 된 기독교와 신에 대한 부정적인 생각과 그 이유를 재검토하기 위해 나와 상담하고 싶어 했다.

《생생한 색채 속에서: 목회 돌봄과 상담을 위한 문화의 상호작용적 접근(In Living Color: An Intercultural Approach to Pastoral Care and Counseling)》의 저자인 임마누엘 라티(Emmanuel Lartey)는 그의 책에서 모든 인간의 보편성과 고유성 사이의 긴장감을 분석한다. 그 과정에서 미국 인류학자이고 사회이론가인 클럭혼(Clyde Kluckhohn, 1905~1960)과 머레이(Henry Murray, 1893~1988)의 '삼위일체적 인간 인격체 개념(Trinitarian Formulation of Human Personhood)'을 다루었다.

다각도에서 인간의 특성을 연구한 클럭혼과 머레이의 1948년 고전《인간성: 본성, 사회, 문화 속에서(Personality in Nature, Society, and Culture)》에서 언급한 인간의 보편성과 고유성에 관한 세 가지 스펙트럼은 다음과 같다. 첫 번째는 다른 사람들과 동일한(like all others), 즉 인간 보편성(human universality)이고, 두 번째는 어떤 부류의 사람들과 동일한(like some others), 즉 문화적 특이성(cultural specificity)이다. 그리고 마지막 세 번째는 그 누구와도 같지 않은(like no other), 즉 유일무이한 개인적 독특함(individual uniqueness)이다. 지구상에 존재하는 모든 사람은 인간으로서 다 똑같은 동시에 문화적, 사회적, 그 외 여러 가지 개인적 차이로 인해 다 다르다는 주장이다.

한 사람이 속한 종교, 위치, 문화, 성별 등은 그 사람이 인간이라는 가장 원초적이고 기본적인 요소를 절대 앞서거나 무력화할 수 없다. 또 그래서도 안 된다. 그런 면에서 결국 사람들은 다 똑같다.

앞선 종교 지도자의 사건에서 그 종교 지도자는 어느 종교 집단의 대표이기 이전에 모든 사람들과 똑같은 인간이라는 사실을 기억해야 한다. 그가 인간인 것이 먼저이고 그다음이 그의 종교 그리고 그가 속한 종교 안에서의 리더라는 위치이다. 종교인들에게 실망해서 더 이상 교회를 다니지 않는 학생의 회의감도 그들이 종교인이기 전에 인간이라는 사실로 받아들이지 못한 데서 왔을 것이다.

사람은 결국 사람이라는 사실로 종교인들의 실망스러운 언행을 정당화하려는 것은 결코 아니다. 실은 종교의 가르침을 잘 이해했다면 그에 걸맞은 열매, 즉 행동의 변화가 있어야 하는 것이 맞다.

그러나 우리가 인정해야 할 것은 신은 완벽하지만 사람은 완벽하지 않다는 사실이다. 종교의 유무를 떠나 모든 사람은 실수를 하고, 때로는 잘못된 결정을 내리기도 한다. 이 사실을 이해하고 받아들임으로써, 우리는 다른 사람의 행동에 대해 좀 더 관대해질 수 있고 이로 인한 부정적인 감정의 영향을 줄일 수 있다.

당신의 부모나 선생님, 직원, 상사 혹은 종교 지도자에게 실망한 경험이 있는가? 그 부정적인 사건으로 인해 당신의 현재의 삶에 상처가 하나 더 추가되었거나 혹은 당신의 행복에 금이 가 있지는 않은가? 그렇다면 실망을 안겨 준 그 사람 또한 결국은 불완전한 사람임을 한번 기억해 보면 어떨까? 물론 그 사람의 실수나 잘못을 정당화하거나 없었던 것으로 묻어 버리자는 것은 결코 아니다. 당신의 정신적 짐을 하나 덜고 삶에 활력을 불어넣는 데에 그 사람의 인간됨을 인정하는 것이 도움이 될 수도 있다는 말이다.

종교인이나 다른 사람의 잘못된 행동으로 인한 부정적이고 비관적인 사고는 결국 나 자신에게 악영향을 미친다. 나의 정신 건강을 해치고 삶을 피폐하게 만든다. 즉 나 자신에게 손해라는 것이다. 우리는 그것이 소중한 그리고 하나뿐인 우리의 삶을 갉아먹게 놔두어서는 안 된다. 다른 것을 차치하고 우선 사람은 다 똑같다는 것을 인정하면 우리 마음을 녹슬게 하는 실망과 분노와 자괴감을 어느 정도 진정시킬 수 있을 것이다.

session 19

모두가 옳음을 인정할 때
열리는 마음과 귀

이야기 이론

      미국 캘리포니아주의 한 정신병원에서 정신과 보조원(psychiatric aide)으로 근무할 때 특이한 여성 환자 한 명을 만난 적이 있다. 그녀는 조현병(정신분열증)을 앓고 있었는데 환각, 환청, 망상이 심하고 횡설수설했다. 엠마(Emma, 가명)는 중년의 여성으로, 하루 종일 병원 복도를 걸어 다니며 혼자 무언가를 중얼거렸다. 보통은 혼잣말로 조용히 중얼거리는데 가끔씩은 큰 소리를 내기도 했다.

  그녀는 평상시에 다른 사람들과 별로 대화하지 않았고 조용한 성격의 소유자였다. 목소리도 작고 소곤소곤 말하는 편이라 그녀와 대화하기가 쉽지 않았다. 그런데 적어도 하루에 서너 번은 복도를 걸어 다니며 목청을 높여 오페라를 부르기도 하고 갑자기 아나운서처럼 뉴스를 전하기도 했다. 어느 날은 토크쇼의 호스트가 되어 가상의 사람들을 인터뷰도 하고 또 게스트가 되어 전문가답게 자기의 견해를 조리 있고 체계적으로 말하기도 했다.

어느 날 나는 복도에서 엠마 바로 뒤를 걸어가고 있었는데 그녀가 갑자기 목소리를 높여 큰 소리로 뉴스를 전하기 시작했다. 한참을 따라가다가 잠시 그녀를 멈춰 세우고 점심시간이니 우선 병원 내 식당으로 가는 것이 좋겠다고 얘기했다. 그랬더니 엠마가 자기가 전하던 뉴스를 마저 마쳐야 할 것 같다는 것이었다.

그때 나는 물었다. 어떻게 그렇게 많은 일을 한꺼번에 할 수 있는지 궁금하다고. 오페라 가수에, 뉴스 앵커에, 또 각 분야의 전문가로 활동하는 것이 어렵지 않으냐고 말이다. 그녀는 명쾌한 답을 줬다.

"내 머리 안에는 라디오가 있어요. 여러 개의 채널이 있거든요. 그래서 라디오 스위치를 켜기만 하면 방송이 나와요. 지금은 뉴스 채널에 맞춰져 있고요. 내 귀에 들리는 소리를 그대로 생중계하는 것뿐이에요."

엠마에게 그것은 너무나 자연스러운 현상이고 부정할 수 없는 삶의 일부였다. 그녀의 머리 안에 라디오가 들어 있으니 스위치가 켜지면 자기는 그냥 그것을 방송할 뿐이라는 것이다.

나는 정해진 시간을 놓치면 식사를 못 할 수도 있으니 우선 점심 식사를 한 다음 방송을 계속하는 것은 어떻겠냐고 엠마를 설득했다. 식당으로 가는 도중에 나는 엠마에게 물었다. 그렇게 많고 다양한 채널이 머리 안에 장착되어 있다는 것이 번거롭고 귀찮게 느껴지지 않느냐고. 엠마는 너무나 자연스럽고 초연하게 자신의 속마음을 전해줬다.

"시몬. 어쩌겠어요. 내 머릿속에 라디오가 장착되어 있는 걸요. 빼낼 수도 없고 없앨 수도 없으니 내 귀에 들리는 대로 생방송을 계속 중계할 수밖에요…."

그렇게 말하는 엠마가 얼마나 멀쩡하고 진지하고 진솔하던지 그녀가 마치 나의 오랜 친구 같다는 느낌이 잠시 들 정도였다.

나는 그날 엠마가 옳음을 알았다. 그녀로서는 그렇게 생방송을 하는 것 외에 다른 방법이 없었다. 자기 머리 안에 라디오가 들어 있으니 어쩌겠는가. 자동으로 켜지는 채널 스위치에 따라 노래도 부르고 뉴스도 전하고 토크쇼의 패널로 전문가의 목소리도 낼 수밖에. 엠마는 자기에게 주어진 임무를 다하고 있는 것이었다.

어떤 면에서는 그녀가 그 일을 성실히 수행하는 것이 결코 나쁘지만은 않다는 생각이 들었다. 우리는 모두 각자에게 주어진 역할을 감당하고 있다. 그 역할이 피할 수 없는 것이라는 확신이 든다면 이것저것 따지지 않고 그냥 수행해 나가는 것도 하나의 방법이다. 그렇게 엠마는 자기에게 할당된 삶의 역할 중 하나를 운명처럼 받아들였고 그것에 충실했다. 엠마 자신의 상태와 주어진 역할에 대한 진단과 결정은 온전히 그녀의 몫이다. 그런 면에서 엠마는 나름대로 옳았다.

사람들은 옳고 그름을 따지기 좋아한다. 우리는 서로 비교하고 경쟁하면서 나의 옳음을 증명하고 인정받기를 원한다. 그래야 우리가 여러 가지 면에서 다른 사람들보다 우월한 위치에 있을 수 있기 때문이다.

문제는 옳고 그름을 정확하게 판가름하기가 애매한 경우가 많다는 것이다. 인생에는 흑과 백으로 확실하게 가릴 수 없는 경우가 많다. 모두가 다 틀린 것 같기도 하고 또 어떤 경우에는 모두가 다 옳은 것처럼 느껴지기도 한다. 그런 의미에서 나는 법조계에 있는 사람, 즉 판사, 검사, 변호사 등을 대단한 사람들로 생각한다. 그들은 정해진 법을 기초로 해서 옳고 그름을 가려내는 작업을 하고 있기 때문이다. 그러나 과연 그 과정이 쉽겠는가?

모두가 다 옳다는 것을 심장 수술 후 몇 달간 병원에 입원해 계신 아버지 병간호를 하면서 한 번 더 경험할 수 있었다.

환자인 아버지는 '욕창 전 단계'로 인한 고통이 심한 탓에 자신의 상태가 더 악화되고 있다고 걱정하셨다. 수술 후 처음 한두 달은 아버지 몸에 호스 줄이 많이 달려 있어서 걸어 다니시는 것은 고사하고 앉아서 식사하시는 것도 어려웠다. 그래서 어쩔 수 없이 침대에 누워 계시는 시간이 많아져서 생기는 욕창 전 단계의 고통이 아버지를 괴롭게 한 것이다. 눕는 자세를 바꿔 보기도 하고 아픈 부위에 연고를 바르기도 하셨지만 생각만큼 빨리 호전되지 않았다.

그래서 주치의 교수님이 아침에 회진을 오면 아버지는 무엇보다 욕창 전 단계로 인한 고통을 완화시켜 달라고 호소했다. 반면 주치의 교수님은 심장과 폐의 기능, X-Ray 등 그 외 여러 가지 수치들과 데이터를 근거로 아버지의 상태가 호전되고 있음을 강조했다.

같은 환자를 놓고 환자 본인인 아버지와 주치의 교수님의 의견이 서로 달랐다. 그러나 두 사람 다 각자 나름대로 옳고 맞다. 아버지는 환자로서 욕창 전 단계로 인해 야기되는 고통이 가장 견디기 어려웠다. 그 고통은 자신의 몸 상태가 나빠지고 있다는 느낌이 들기에 충분했다. 또한 욕창 전 단계가 장기화될 위험성도 무시할 수는 없었다. 이것은 데이터와 수치들을 분석해서 판단하는 의료진의 환자에 대한 전반적인 소견과는 어떤 면에서 상반되는 것이었다.

나는 보호자로서 환자인 아버지와 주치의 교수님 사이에서 중재자 역할을 했다. 아버지의 몸 상태에 대한 두 사람의 생각과 의견을 서로에게 전달하고 이해시키느라 애를 먹었다. 직접

몸으로 느끼고 감내해야 하는 욕창 전 단계인 환자의 고통도 그 환자에게는 삶이고 현실이었다. 환자인 아버지에 대한 주치의 교수님의 긍정적이고 희망적인 소견 역시 전문성 있는 의학적 근거를 가지고 있었다. 그래서 두 사람 모두 옳다는 것 밖에 달리 설명할 길이 없다.

모두가 다 옳다는 것은 우리가 나 자신에게서 잠시 벗어나서 다른 사람의 신발을 신어 보는 것의 중요성을 암시한다. 나도 옳고 상대도 옳을 수 있다면 상대의 입장이 되어 봐야 비로소 그 사람의 렌즈를 통해 세상을 바라볼 수 있기 때문이다.

참고로 모두가 다 옳다는 의미 안에 범죄 혹은 윤리적 도덕적 잘못을 무조건 포함시키는 것이 아님을 독자분들도 알고 있을 것이다. 물론 범죄, 윤리, 도덕 등의 단어들의 정의 또한 문화와 시대와 상황 등에 따라 변할 수 있음을 감안해야 한다.

이야기 이론(narrative theory)의 창시자인 마이클 화이트(Michael White, 1948~2008)와 데이비드 엡스턴(David Epson, 1944~)은 그들의 저서 《이야기 심리치료 방법론: 치유를 위한 서술적 방법론 (Narrative Means to Therapeutic Ends)》에서 이야기 이론을 이렇게 설명한다. 사람들은 인생의 의미를 찾기 위해 자신의 경험을 시간 순서대로 배열해야 하는 과제에 직면한다. 이러한 배열은 자신과 주변 세계에 대해 일관된 설명을 만들어 가려는 시도의 한 방식이다.

크리스티 코자드 뉴거(Christie Cozad Neuger)의 책 《여성들을 위한 목회상담(Counseling Women: A Narrative, Pastoral Approach)》에서는 우리의 이야기가 곧 우리의 현실(reality)인데 그 이야기들은 우리가 접하고 있는 사회와 문화 속에서 적합한 이야기일 가능성이 크다고 얘기한다.

그렇게 나를 둘러싸고 있는 환경과 문화가 나의 삶의 이야기를 구성하는 데 영향을 미친다면, 다른 환경과 문화의 경험을 바탕으로 쓰인 다른 사람들의 삶의 이야기와 나의 현실 간에 차이가 있을 수밖에 없다. 각자 서로 다른 삶의 이야기들을 써 내려가고 그것들이 각자의 현실로 작용하기 때문에 모든 일에 대한 이해와 해석이 다를 수밖에 없다는 것이다. 그래서 나름대로 다 옳다.

아무리 친하고 가까운 사이라 할지라도 생각과 의견의 차이는 늘 있기 마련이다. 타인에게 어떻게 전달되고 이해되느냐는 다른 문제이고, 각자의 세계관 안에서는 각자의 이야기가 다 옳다는 것이다. 그러므로 '상대방이 옳음'을 우선 수긍하지 않으면 관계도 대화도 연결도 어려울 수밖에 없다. 여기서 '옳음'은 보편적이거나 모두가 동의함을 의미하지는 않는다. 옳음을 인정한다는 것은 다른 사람의 입장에서는 그것이 옳을 수밖에 없다는 것을 인지하고 받아들이는 것을 말한다.

'상대방 입장에서는 그것이 옳다.'라는 사실을 우리가 알아줄 때 상대방은 비로소 우리에게 마음의 문을 열게 된다. 행여 자신의 입장이 혹시 틀릴 수 있다는 가능성을 염두에 두었다 할지라도 상대방은 자신이 옳음을 이해해 주기를 바란다.

상담의 효과를 극대화하는 데 중요한 요소 중 하나는 상담자와 내담자 사이의 '라포르(rapport)' 형성이다. 특히 상담 초기에 우선 상담자와 내담자 사이에 신뢰와 공감과 친밀함 등을 통해 긍정적이고 이상적인 관계가 조성되는 것의 중요성을 의미한다. 이러한 라포르 형성을 위해 우선 상담자가 내담자의 세계로 들어가서 내담자의 생각과 느낌을 있는 그대로 인정하고 이해하고 받아들여 준다.

이후 상담 과정이 진행됨에 따라 내담자의 옳음을 전적으로 공감해 주고 받아들이는 초기 단계에서 벗어나 상담 단계에 따라 다양한 상담기법과 상호작용에 의한 심리적 역동에 초점을 두고 그것들을 적용하게 될 것이다. 상담의 효과를 최대한으로 끌어 올리기 위해서는 적어도 라포르가 형성되기까지는 묻지도 따지지도 말고 상담자가 우선 내담자의 이야기를 경청하고 인정하는 것이 최우선이다.

상대방이 옳음을 인정해 주는 것의 중요성은 상담 관계에서만 유효한 것은 결코 아니다. 부부 사이, 부모와 자식 관계, 직장 동료들과의 관계, 심지어 이웃 간에도 의미 있고 고무적인 관계 형성을 위해서 무엇보다 '상대의 사고나 감정이 그 사람에게는 옳다는 것'을 이해하고 수용하는 것이 꼭 필요하다.

  모든 사람이 다 옳을 수 있다는 것을 인정한다면 내 의견과 생각을 다른 사람들에게 강요해서는 안 된다. 내 삶의 이야기에 타인들의 삶의 이야기를 끼워 맞추려는 시도는 교만이고 무례한 행위이다. 우리는 자기 머릿속에 라디오가 장착되어 있다고 믿는 엠마의 삶의 이야기를 무조건 부정해서는 안 된다. 잠시나마 내 이야기를 접어두고 엠마의 삶의 이야기 안으로 들어가 보는 것도 인간이 가져야 하는 겸허와 공손의 한 몸짓이 아닐까 싶다.

session 20

나를 버리면
인간관계가 업그레이드된다

넘어가기와 돌아오기

　　　　　　　이란에서 온 대학원생 알리(Ali, 가명)는 나의 이슬람교와 흡연자에 대한 편견을 없애는 데 중요한 역할을 한 학생이다. 나는 대학에서 가르치는 것 외에도 외국인 학생과 교직원 담당 상담 교수로서 문화 체험, 스포츠 이벤트 등 여러 가지 행사와 심리 상담을 통해서 교내 외국인들을 케어해 왔다.

　알리는 이란 국적의 대학원생이었다. 그는 모든 행사에 빠지지 않고 열심히 참석하면서 기회가 되면 행사 준비와 진행에 늘 도움을 주었다. 아담한 체구의 알리는 뚜렷한 이목구비를 가지고 있었고 그의 얼굴에는 웃음과 미소가 떠나지 않았다.

그는 늘 긍정적이었고 다른 사람에 대한 배려심이 남달랐다. 알리가 저만치에서 웃음 띤 얼굴로 나를 향해 걸어오면 이미 내 얼굴에 와 닿은 그의 '미소 입자'들로 인해 나도 벌써 환한 미소로 그를 반갑게 맞이하곤 했다.

언젠가 외국 학생들과 함께 이탈리아 음식점에서 점심 식사를 하고 있는데 알리가 식사를 하지 않았다. 50~60명의 학생이 모두 맛있게 식사하고 있는데 혼자 가만히 앉아 있는 그에게 다가가서 물었다. "알리. 왜 식사를 하지 않고 맛있는 음식을 쳐다만 보고 있나요?" 했더니, "시몬. 그러게요."라고 수줍게 웃으면서 지금이 라마단(Ramadan) 기간이라 음식을 먹을 수 없다고 했다.

라마단은 이슬람력(태음력)의 9번째 달을 의미한다. 라마단이라는 명칭은 아랍어로 타는 듯한 더위와 건조함을 뜻하는 라미다(ramida) 또는 아라마드(arramad)에서 유래되었다. 금식으로 인한, 위에서 느껴지는 타는 듯한 갈증과 고통을 의미한다.

이슬람교에서 라마단은 이슬람의 무함마드 사도가 쿠란(코란)을 계시받은 신성한 달로 여기기 때문에 무슬림들은 1개월 동안 해가 뜰 때부터 질 때까지 의무적으로 금식하고 날마다 5번의 기도를 드린다. 이때 모든 음식과 흡연, 성적인 행위를 금하기도 한다.

나는 알리에게 라마단이 무엇인지 물었고 그는 친절하게 잘 설명해 주었다. 그리고 "알리. 라마단 기간이라 우리와 함께 식사를 못 하는 걸 알면서 왜 식당에 따라왔죠?"라는 나의 질문에 돌아온 그의 대답이 내 마음을 따듯하고 뭉클하게 했다.

"그건. 다른 외국인 친구들과 함께하고 싶어서에요. 음식은 먹지 못하지만 그래도 다른 사람들과 친교도 나누고 얘기도 하려고요. 아… 정말 배도 고프고 이렇게 맛있는 음식들을 먹고 싶은 생각은 굴뚝 같지만 어쩌겠어요? 참아야죠."

식사는 같이 못 하지만 우리와 함께 있고 싶어 하는 알리의 사랑과 배려에 목이 메어 왔다. 나는 알리가 원하는 메뉴 하나를 고르라고 해서 집에 갈 때 포장해서 그의 손에 들려 주었다. 사실 나는 알리를 만나기 전까지 이슬람교에 대해 나름의 막연한 편견을 가지고 있었다.

아마도 그것은 미국에서 일어났던 3,000명 가까운 사망자와 수많은 부상자를 낸 9·11 테러 사건과 연관이 있을 것이다. 9·11 테러는 2001년 9월 11일, 이슬람 근본주의 세력인 알카에다(Al-Qaeda)가 일으킨 여객기 납치 및 자살 테러 사건이다.

9·11 테러는 온 세계를 뒤흔들고 경악하게 만든 사건으로 알카에다와 같은 이슬람 근본주의자들의 과격함과 지나친 열정의 모순과 위험성을 지구상에 낱낱이 알린 계기가 되었다. 9·11 테러 충격의 여파로 나를 포함한 많은 사람들이 자신도 모르는 사이에 이슬람 교도들, 즉 무슬림들에 대한 편견을 가지게 되었다. 마치 모든 무슬림이 이슬람 원리주의 세력인 알카에다처럼

공격적이고 투쟁적인 것으로 싸잡아 보게 된 것이다. 물론 이것은 인간의 무의식 단계에서 일어나는 한 현상일 가능성이 크다.

벌써 20년도 훌쩍 지난 오래전 사건인 9·11 테러의 부작용으로 인해 생긴 나의 이슬람교에 대한 부정적인 편견은 알리를 통해 눈 녹듯이 무너져 내렸다. 알리는 이슬람 극단주의 알카에다와는 정반대로 국가, 인종, 문화, 종교 등과 상관없이 모든 사람을 호의적이고 진심으로 대했다. 그가 가는 곳마다 웃음과 즐거움과 따뜻함이 넘쳐흘렀고 평화로운 분위기가 조성되었다.

알리는 나의 이슬람교에 대한 부정적인 인상을 없애는 데 도움을 주었을 뿐만 아니고 흡연자들에 대한 편견을 약화시키는 데에도 일조했다.

나는 비위가 약해서 어릴 때부터 아플 때마다 우선 속이 메스껍고 구토가 난다. 지금도 몸이 피곤하거나 아프면 속부터 메스껍다. 비위가 약한 데다가 후각이 발달한 탓에 어지간한 냄새는 십 리 밖에서도 감지할 정도이다. 특히 담배 냄새는 나를 괴롭게 하고 비위를 뒤집어 놓는 가장 강력한 냄새 중 하나이다.

미용사가 내 머리를 손질할 때 그 사람이 흡연자인지 아닌지를 정확히 알아맞힌다. 흡연자라면 그 사람의 손에 배어든 담배 냄새로 인해 나는 곤욕을 치러야 한다. 나는 흡연자를 자연히 멀리했고 나를 보호하는 차원에서인지 그들에 대한 인상 또한 좋게 느끼지 않았다. 물론 세상이 많이 좋아져서 이제는 흡연실이 있고 아무 데서나 흡연하는 사람이 줄어들긴 했지만 여전히 담배 냄새는 나를 고통스럽게 한다.

알리는 줄담배를 피우는 골초이다. 미팅하다가도 담배 피우러 잠시 나가야 할 정도로 담배를 자주 많이 피웠다. 알리는 그런 자신을 몹시 싫어했고 담배를 끊으려고 여러 번 시도했다.

"시몬. 담배가 나쁜 줄은 아는데 도저히 끊을 수가 없어서 고민이에요. 방법이 없을까요?"

오죽했으면 담배라면 질색하는 나에게 여러 번 넋두리를 늘어놓고 진담 반 농담 반 도움을 청했을까?

알리는 그 누구보다도 담배를 가능한 한 빨리 끊어야 한다는 사실을 잘 알고 있었다. 시도 때도 없이 기침을 계속 해댔고 자신의 건강을 많이 걱정했다. 나는 구석진 장소에서 담배를 피우는 알리와 여러 번 마주쳤고 그때마다 알리는 그 특유의 환한 미소에 약간의 부끄러움과 걱정 근심을 두 스푼 얹어서 나를 바라보았다.

그때마다 나는 짓궂게 알리에게 "아이고. 알리. 언젠가 사랑하는 여자를 만나서 결혼도 해야 하고 예쁜 아기도 낳아야 하는데 오래오래 건강해야 하지 않겠어요?"라고 핀잔을 주곤 했다. 알리는 진심으로 담배를 끊고 싶어 했음에도 대학원 과정 2년간 계속 줄담배를 피웠다. 그때 나는 많은 흡연자가 알리처럼 담배를 끊고 싶어 하지만 그것이 어려워서 혼자 힘으로는 거의 불가능하다는 사실을 알았다.

나는 알리를 통해서 흡연자들이 금연을 원하고 또 타인에게 해를 끼치지 않기 위해서 나름대로 노력한다는 것을 깨달았다. 그리고 많은 경우에 그들도 어쩔 수 없어서 계속 흡연하고 있다는 것도 알리를 보면서 알 수 있었다.

내가 흡연자에 대한 부정적인 편견을 내려놓고 알리를 대했을 때 알리는 담배 끊기가 얼마나 어려운지 등의 고충을 나와 부담 없이 나누었다. 담배 연기에 알레르기가 있는 사람이긴 하지만 이제 나는 알리 같은 흡연자들과 허심탄회하게 대화를 나눌 수 있는 편안한 마음의 경지에 이르게 되었다.

미국의 사제이자 성 십자가(the Congregation of Holy Cross)의 신학자로, 노트르담 대학교 교수였던 존 던(John Dunne, 1929~2013)과 폴 클래스퍼(Paul Clasper)가 발전시킨 중요한 다문화 상담 기법 중 하나는 '넘어가기(crossing over/passing over)'라는 개념이다.

'넘어가기'는 상담자가 내담자의 입장이 되어서 그 사람을 이해하기 위해서는 나의 문화에서 다른 문화로, 나의 삶의 방식에서 다른 삶의 방식으로, 그리고 나의 종교에서 다른 종교로 당분간 넘어가는 것을 의미한다.

이 과정 뒤에는 반드시 '넘어가기'와 반대되는 의미이지만 적절한 과정인 '돌아오기(coming back)'가 따른다. 이것은 자신의 문화, 삶의 방식, 종교에 대한 새로운 통찰력을 가지고 되돌아오는 것을 의미한다.

 나 또한 '넘어가기'와 '돌아오기' 과정을 통해서 알리를 더 잘 이해하고 그와 좋은 관계를 유지할 수 있었다. 재미교포 기독교 여성 교수인 나는 나의 문화와 종교, 성별, 지위 등을 뒤로하고 알리의 육체와 정신세계 안으로 들어가 보았다. 중동에서 온 20대 후반의 남성 대학원생으로서 기독교에 기초를 둔 한국의 대학에서 공부하는 독실한 무슬림으로 잠시 빙의해 본 것이다.

 이슬람력에 따라 한 달간 라마단 기간 동안 금식하며 존경하는 알라신께 기도를 드리는 알리의 깊은 신앙심과 종교심이 느껴졌다. 몸에 나쁜 담배를 끊고 싶은 마음이 간절함에도 불구하고 담배 피우는 습관을 쉽게 떨쳐내지 못하는 자신의 연약한 의지로 인해 자책하는 알리의 고민과 딜레마가 나에게 와닿았고 그것이 내 가슴 한구석에 안쓰러움으로 각인되었다.

 이러한 알리의 강한 신앙심과 부족한 금연 의지에 대한 괴로움을 경험한 뒤 내가 원래의 나 자신으로 되돌아왔을 때 나는 더 이상 이전과 똑같은 나는 아니었다. 재미교포 기독교인으로서 한국 대학에서 가르치고 있는 교수라는 나의 정체성은 변함이 없다. 그러나 나의 종교와 문화와 삶을 대하는 태도가 이전보다 더 포괄적으로 확장되었다.

 예를 들자면 알리의 이슬람교의 라마단과 비슷한 내가 믿는 기독교의 중요한 절기 중 하나인 성금요일을 맞이하는 나의 마음가짐과 태도에 변화가 생겼다. 간단히 말해서 더 진지하고 진실되게 바뀌었다.

기독교에서는 모든 사람이 죄인이고 죄의 삯은 죽음이라고 말한다. 그런데 하나님께서 죄와 죽음의 해결책인 그의 아들 예수 그리스도를 우리에게 선물로 주셨다.(성경 로마서)

즉 예수님의 십자가 죽음으로 우리 죄가 사하여졌고 그 예수님을 구세주(구원자)로 믿음으로써 죽음의 저주에서 벗어나 영원한 생명을 얻고 천국에서 살게 된다는 것이다. 죄의 삯으로 죽어야 하는 우리 대신 우리의 죄를 지고 십자가에서 돌아가신 예수 그리스도의 희생과 고난을 묵상하는 절기가 기독교의 성금요일이다. 성금요일은 예수님이 십자가에 못 박혀 돌아가신 날이다. 예수님이 부활하신 부활절 직전 금요일이다.(기독교에서는 예수가 부활하셨다고 믿는다.)

알리와 같은 무슬림처럼 1개월간 금식하고 하루에 5번 기도를 드리지는 않지만, 기독교에서는 성금요일 날에 금식하거나 평소에 자기가 좋아하는 것들을 일시적으로 끊음으로써 예수님의 십자가 고난을 기리고 동참한다. 알리의 알라신에 대한 충정을 알게 되면서 나 자신의 예수님과 그의 십자가 죽음과 부활에 대한 감사의 마음도 더 깊고 강해졌다.

이와 같이 '넘어가기'와 '돌아오기'의 과정을 거치면서 나는 알리의 종교와 문화를 더 잘 이해할 수 있었고 그와 격의 없이 진심으로 서로를 대하고 친한 관계를 유지할 수 있었다. 이것은 내가 지속적으로 접하고 마주할, 문화·종교·나이·성별·인종을 포함한 그 외의 여러 가지 다른 배경과 변수를 가진 세계인들과의 관계를 더 넓히고 한 단계 발전시켜 주는 역할을 할 귀중한 초석이 될 것이다.

이 지구상에 나와 똑같은 사람은 단 한 사람도 없다. 그렇다면 우리는 각기 다른 사람들과 어떻게 더불어 살아갈 것인가? 가족 간에도 생각과 의견 차이로 불협화음이 발생하고 조율이 필요한데 피 한 방울 섞이지 않은 완전한 타인들과의 관계는 오죽할까? 내 남편과 아내, 부모님, 자녀, 절친, 같은 반 친구, 직장 동료, 같은 동네에 사는 이웃, 외국인 등 다른 사람들과 우리는 어떻게 소통하고 이해하며 조화롭게 잘 살아갈 수 있을까?

무엇보다 먼저 나에게 가장 익숙하고 친숙한 '나 자신'을 잠시 내려놓을 것을 제안한다. 즉 나를 가볍게 만드는 것이다. 우선 한 걸음 물러서서 나 자신을 제삼자의 눈으로 바라보는 것이다. 나를 잠시 비우고 가볍게 만드는 시도가 타인들과의 관계를 개선하는 데 도움이 될 수 있을 것이다.

그리고 지금 이 시간 내 앞에 존재하는 보채는 아이, 불친절한 마트의 점원, 기어가듯이 천천히 운전하는 내 차 바로 앞의 초보 운전자, 이유 없이 화를 내는 직장 상사나 동료들의 세계와 머릿속으로 한번 들어가 보는 것은 어떤가?

'넘어가기'와 '돌아오기'의 과정은 자신의 정체성에 대한 확신과 어느 정도의 자신감을 소유한 자들만이 참여할 수 있는 사회생활의 숨은 전략이기도 하다. 내가 누구인지 왜 이곳에 존재하는지 그리고 존재의 목적이 무엇인지에 대해 고민하고 외롭게 씨름해 오고 그것들에 대한 나름의 해답이 주어진 자들에게 부여된 행복하고 의미 있는 인간관계의 열쇠이기도 하다.

For you who wants to live a lighter life

PART 3

나를 들여다볼 결심

나를 새롭게 시작하는 치유의 심리학

session 21

가면 속에
감춰진 나

자기 초기화

미국 조지아주 애틀랜타시에 있는 한 대학에서 박사 후 연구원(post-doc)과 초빙교수(visiting Professor)로 일할 때였다. 그때 대학 근처에 있는 상담 센터에서 상급 레지던트(advanced resident)로서 상담을 했다. 내가 맡고 있던 의뢰인 중 한 명은 제임스(James, 가명)라는 이름의 전형적인 50~60대 미국인 백인 남자 CEO였다. 그는 사회적 지위에 걸맞게 풍채도 제법 있는 젠틀맨이었다.

어느 날 그는 돌아가신 아버지와의 관계에 대해 한참 얘기하다가 느닷없이 고개를 떨구었다. 얼마간 조용한 정적이 흘렀고 갑자기 큰 어깨가 심하게 흔들리더니 그가 오열하기 시작했다.

침착하고 차분했던 그의 이전 모습과는 전혀 다른 생소함에 좀 당황스러웠다. 조심스럽게 티슈 상자를 그에게 내밀었다. 그리고 그가 울음을 그칠 때까지 조용히 기다렸다. 그때 나는 중년 남자 안에 숨어서 서럽게 울고 있던 네다섯 살짜리 남자아이를 보았다.

얼마 후 눈물을 훔치고 자신을 어느 정도 추스른 그가 입을 열었다. 그는 눈물 자국이 채 가시지 않은, 바다만큼 깨끗한 파란 눈을 껌뻑이며 나를 바라보았고 오래 삭힌 감정들을 하나씩 토해내기 시작했다.

제임스는 부족함 없는 집안에서 태어나 공부도 많이 하고 경제적으로도 어려움 없이 잘살아왔다. 그런데 문제는 그의 아버지였다. 제임스의 아버지는 차갑고 냉정하며 자기 감정을 표현하지 않는 사람이었다. 제임스와 아버지는 늘 서먹하고 불편했다. 그들의 관계는 수박 겉 핥기 식이었고 서로를 겉돌기만 했다.

"아버지와 나 둘만 거실에 있게 되면 왠지 서먹하고 불편해서 나는 재빨리 내 방으로 들어가 버리곤 했답니다. … 아버지는 어떤 경우에도 내게 따뜻한 말 한마디 해 준 적이 없어요. 대신 내가 성적을 좀 못 받아올 때나 작은 사고를 치면 세상에서 가장 악한 죄인 취급하며 호통을 치고 고래고래 소리를 질렀어요."

제임스는 큰 회사에서 CEO로 뛰어난 두각을 드러내고 성공 가도를 달리고 있었지만, 아버지의 관심과 사랑에 목말라하고 있었다. 그로 인해 제임스의 마음 한구석에는 늘 먹구름이 드리워져 있었다. 아버지로부터 받고 싶었던 애정과 격려와 칭찬의 부재로 만들어진 그 먹구름은 미래에 내릴 슬픈 비의 재료였다.

친밀하지 못했던 아버지와의 관계는 그의 안에서 깊은 외로움과 상처와 고통을 탄생시켰다. 그 아픔은 그의 삶 곳곳에 스며들어 수시로 태클을 걸었다. 가정, 일터 심지어는 마트나 병원에서도 남을 배려하는 부드러운 말 대신 비판적이고 냉소적인 언어로 사람들을 거칠게 대하기가 일쑤였다.

그의 돌아가신 아버지는 버젓이 살아서 가족을 비롯한 제임스의 모든 대인 관계를 휘젓고 다녔다. 그의 아버지가 했던 것처럼 제임스는 아내나 자녀에게 살갑게 대하는 것이 어려웠고 그들의 약점만을 꼬집어 다그쳤으며 매사에 비관적이었다. 부부 관계도 바람 앞에 놓인 촛불처럼 위태롭게 흔들려 보였다. 회사에서도 또 다른 인간관계도 마찬가지였다. 그는 모든 사람에게 불만이 가득했고, 그의 마음에 드는 사람은 한 사람도 없었다. 충분히 행복하고 인생을 즐길 너무나 많은 조건을 갖추었음에도 불구하고 제임스의 삶은 피폐하고 외로웠다.

심리 상담을 통해 제임스는 매사의 기본값(default)으로 점철된 불만족과 부정적인 감정들로부터 벗어나고자 자기 자신을 초기화(initialize)하기 시작하였다. 지금의 그를 형성하는 데 영향을 준 교육과 문화와 사회 등이 출현하기 이전의 상태로 돌아가는 시도였다. 그의 생애를 거슬러 올라가면 출생과, 부모를 포함한 원가족이 있다. 더 나아가 엄마의 자궁 안에 존재하던 그가 있다.

'자기 초기화'는 사회적·환경적·문화적 영향을 받기 전, 혹은 영향을 덜 받은 한 인간의 최초 상태나 원래 자아와 가장 가까운 형태로 돌아가는 것이다. 가능한 한 부모 혹은 양육자를 포함한 세상의 모든 영향력을 걷어낸 그 사람만의 고유한 원시적인 상태와 모습으로 회귀하는 것이 자기 초기화 과정과 가장 가깝다.

자기 초기화의 이해를 돕기 위해서 카를 융(Carl Jung, 1875~1961)의 무의식 개념의 중요한 부분들을 들여다보면 좋을 것이다.

자서전《기억 꿈 사상(Memories, Dreams, Reflections)》으로 잘 알려진 카를 융은 스위스의 정신과 의사이자 정신분석가이다. 특히 인간 존재의 핵심인 프시케(사이키, Psyche: 숨이나 호흡을 뜻하는 고대 그리스어로, 마음과 영혼을 지칭하는 단어)에 단단히 내장된 무의식을 집중적으로 분석하고 파헤친 것으로 유명하다.

융은 인간 심리의 핵(core)이라고 할 수 있는 무의식을 두 가지로 분리했다. 개인 무의식(personal unconscious)과 집단 무의식(collective unconscious)이다.

개인 무의식은 한 개인의 삶 가운데 축적된 의식적인 경험들이 주로 부정적이거나 파괴적인 정서의 충격으로 인해 무의식의 세계로 편입되고 억압된 상태를 의미한다. 이것들은 콤플렉스(complex)의 형태로 우리 개인의 생각, 기억, 감정, 행동뿐만 아니라 대인 관계에도 악영향을 미친다.

  융의 가장 독특하고 특별한 정신 분석 개념 중 하나는 집단 무의식이다. 이것은 조상 대대로 물려받고 전해 내려오는 인류의 관습, 문화 등 개인적인 것이 아닌 집단적이고 원초적인 것을 의미한다. 집단 무의식을 통해 직접 만난 적이 없는 사람들의 정신세계가 한 인류로 묶인 우리에게 전달되고 영향력을 미친다. 예를 들어서 뱀을 보면 놀라는 것은 인류 대대로 뱀에게 물림으로써 생긴 두려움의 감정이 모든 인간의 유전자에 흘러내려오고 전수되었기 때문이라는 것이다.

  인간의 심리 구조를 양파처럼 생각한다면, 가장 밖에 있는 껍질을 '의식', 그 안쪽을 '개인 무의식'이라고 할 수 있다. 그리고 또 그 안에는 '집단 무의식'이 있고 맨 안쪽 중앙을 '진정한 자기' 혹은 '참 자기'라고 이해해도 무방할 것이다.

  그렇다면 나를 초기화하고 '진정한 나'를 찾기 위해서는 의식과 개인 무의식 그리고 집단 무의식을 통과해야 한다고 볼 수 있다. 진정한 원시적인 '나'라는 자아를 찾고 그것에 이르는 과정부터 의식과 개인 무의식, 집단 무의식의 영향을 100% 받지 않을 수 없다는 것이다.

  이런 관점에서 볼 때 '나'와 분리되어 외부에 존재하는 제삼자는 의식과 무의식의 굴레에서 어느 정도 벗어나 자기를 들여다보고 성찰하는 데 큰 힘이 될 수 있다. 숙련된 심리 상담 전문가는 내담자의 불분명하고 모호한 생각과 감정을 잘 이해한 후 그것을 정리하여 상담자의 언어로 내담자에게 다시 전달해 준다(명료화 과정). 이것은 내담자가 마치 제삼자가 된 것처럼 자신을 들여다보고 자기 상태를 보다 정확하게 인식하게 하여 자기 초기화를 실현하고 진짜 자기를 찾도록 돕는 과정이다.

진짜 나는 프로이트의 무의식 혹은 융의 집단 무의식 사이 그 어딘가에서 찾을 수 있는 것일까? 아니면 예수님처럼 성령에 이끌려 광야에서 40일을 금식하든지, 부처님처럼 보리수나무 밑에서 명상해야 찾을 수 있는 것일까? 나를 초기화한다는 것은 결코 쉽지 않은 과제임에 틀림이 없다.

우리는 때와 장소에 따라 매 순간 변한다. 게다가 '나'라는 개념 자체도 고정적이기보다 유동적일 가능성이 크다. 이렇게 가변적인 환경 가운데 나의 참 자아를 찾는다는 것은 생각보다 복잡하고 에너지가 많이 드는 일일 수도 있다. 특히 모든 것의 변화 속도가 점점 빨라지고 있는 이 시대를 살면서, 세상도 나도 급변하는 가운데 나 자신을 초기화한다는 것은 더더욱 쉽지 않은 과제임이 틀림없다.

인간은 사회적 동물이라는 사실을 고려할 때, 특히 부모나 양육자 등의 영향력에서 완전히 벗어나 있는 사람은 거의 없다는 점에서 완전한 자기 초기화는 거의 불가능에 가까울 수도 있다.

그런 면에서 자기 초기화 혹은 리셋(reset)은 어쩌면 끝이 없는 진행형이다. 또한 어디까지 회귀해야 하는지, 또 나를 구성하는 어느 영역을 초기화해야 하는지 정하는 것도 과제 중 하나이다.

냉담한 아버지와의 소원했던 관계로 인해 가족과 동료를 비롯한 모든 인간관계가 삐걱거리며 아픔과 좌절을 경험하고 있던 제임스에게 심리 상담을 통한 자기 초기화 과정은 아버지와의 부정적인 경험과 기억을 무력화함으로써 아버지의 영향력에서 벗어난 원래의 제임스, 더 가벼워진 제임스로 회귀하는 소중한 시발점이 되었다.

최초의 나 자신을 찾고 발견하는 것은 세상을 향해 열려 있는 눈과 귀를 잠시 닫는 것일 수도 있다. 그렇게 함으로써 나에게 시선을 돌리고 내 안을 들여다보고 내면의 소리를 듣고 자기 안으로 정직하게 걸어 들어가 보는 과정이다. 일기 쓰기, 기도하기, 사랑과 경청의 귀로 들어줄 사람에게 내 마음을 표현하기 등이 여기에 포함될 것이다.

우리는 부모님을 포함한 가족이나 친구, 동료 혹은 대중매체 등 내가 아닌 것들의 영향권에서 벗어난 원래의 나를 찾아가는 과정을 멈추어서는 안 된다. 세상과 문화의 군더더기가 덜 묻은 담백하고 깨끗한 태초의 나로 회귀하는 것이 나를 초기화하고 리셋(reset)하는 것이다.

내가 초기화되고 리셋된 상태라는 것을 우리는 어떻게 알 수 있을까? 그것은 아마도 나의 생각과 행동이 나에게 대체적으로 편안하고 불편하지 않은 상태일 것이다. 즉 내가 나 자신에 대해 별 불편함이나 역겨움 혹은 미안함이 없는 상태를 의미하기도 한다.

우리는 지속적으로 나를 초기화해야 한다. 왜냐하면 그것을 멈추는 순간 제임스가 그의 아버지의 영향력 가운데 아버지처럼 살았던 것과 같이 나도 내가 아닌 다른 사람으로 살아갈 수밖에 없기 때문이다.

금식을 하든, 명상을 하든, 여행을 가든, 친구들과 수다를 떨든, 아니면 신의 도움을 받든, 심리상담사를 만나든 상관없다. 원래의 태곳적 나 자신으로 리셋하려는 노력은 지속되어야 한다. 그러니 이유 불문하고 나를 초기화하자.

본 세션의 집필을 거의 마쳐갈 무렵 간단히 점심을 먹었다. 찐 만두 4개 + 작은 치즈 케사디아(quesadilla)와 멕시칸 살사 소스, 이것이 요즈음 나의 점심 식단이다. 참고로 치즈 케사디아는 동그란 작은 사이즈 토르티야(tortilla: 멕시코인들이 즐겨먹는 옥수수나 밀가루로 만든 한국의 전병 같은 빵) 반쪽에만 모차렐라 치즈를 넣고 전자레인지에 35초 데운 뒤 꺼내면 된다. 치즈의 양에 따라 전자레인지에 데우는 시간은 차이가 있을 수 있다.

치즈가 약간 흘러내리는 따끈따끈한 토르티야를 반으로 접어서 살사 소스에 찍어 먹으면 고소하고 정말 맛있다. 찐 만두는 그냥 간편해서 먹는 것이고(싫어하지도 않지만) 내가 진짜 좋아하는 음식 중 하나는 아무것도 첨가하지 않고 모차렐라 치즈만 넣은 담백한 '치즈 케사디아'이다.

"네가 먹는 것이 곧 너다(You are what you eat)."라는 말이 있다. 행복하게 상기된 얼굴로 점심을 먹고 있는 나 자신을 보면서 문득 이런 생각이 들었다. '진짜 시몬(필자의 이름)은 누구인가?'

만두의 종주국이 중국인지, 아니면 중앙아시아에서 실크로드를 타고 만두가 중국에 유입되었는지 정확지는 않다(한국외식신문, 2021). 태생이 불분명한 부드러운 만두와 함께 멕시칸 음식인 케사디아를 흥분될 정도로 즐겁게 먹고 있는 시몬, 너는 누구인가? 한국인인가? 미국인인가? 아니면 멕시코인인가? 나도 나를 계속 초기화하는 중이다.

session 22

사는 것이 허무하게 느껴질 때

실존적 공허

아마 내가 여섯 살 무렵이었을 것이다. 부모님과 세 살짜리 여동생과 함께 식탁에 둘러앉아 막 저녁 식사를 하려던 참이었다. 우리 집은 식탁 바로 앞 벽 전체가 유리문으로 되어있었고 유리문 너머로는 넓은 마당이 훤히 보였다. 마당 오른쪽으로는 높은 둑이 있었고 둑 밑으로는 작은 강이 흐르고 있었다. 마침, 저 멀리 하늘에는 태양이 오른쪽 산 너머로 기울고 있었다. 지는 태양의 불그스름한 오렌지빛이 무척이나 강렬하고 아름다웠다. 그 순간 나는 정말 행복했고 좋았다. 아, 그런데 이것이 웬일인가? 불타오르는 찬란한 태양이 서서히 산 뒤로 넘어가는 순간, 가슴이 아려 오면서 슬픔이 나를 엄습하고 있었다.

  태양이 지는 것을 보면서 나는 알아차렸다. 우리 가족이 이렇게 행복하게 저녁 식사를 같이하는 것도 언젠가는 끝이 있다는 사실을. 그리고 나의 사랑하는 부모님과 동생, 그리고 나도 언젠가는 이 세상에서 저 태양처럼 없어질 것이라는 것을 말이다. 나는 그때 태어나서 처음으로 삶의 허무함을 온몸으로 느끼고 있었다.

  여섯 살짜리 꼬마였던 내가 가족과의 행복한 순간에 아름다운 석양을 바라보면서 느끼는 삶의 유한함과 슬픈 감정은 어떻게 이해해야 하나? 삶의 경험이 아직 풍부하지 않은 순수한 어린아이의 허무감은 과연 어디에서부터 오는 것일까? 그것은 어쩌면 모든 인간의 DNA 안에 내재한 수많은 감정 중 하나가 민감하고 예민한 성향 탓에 좀 더 일찍 그리고 두드러지게 감지된 것일 가능성이 높을 것이다.

  '실존적 공허(existential vacuum)'는 빅터 프랭클(Viktor Frankl, 1905~1997)이 소개한 중요한 심리학적 용어이다. 그는 홀로코스트 생존자이며, 오스트리아의 신경학자이자 심리학자이고, 의미치료(logotherapy)의 창시자이다. 그의 저서 《삶의 의미를 찾아서(The Will To Meaning)》에 의하면 실존적 공허는 의미 없음(meaninglessness)과 공허함(emptiness) 혹은 텅 빈 느낌의 감정 상태를 표현한다.

실존적 공허는 빅터 프랭클의 환자들이 호소하는 '내적 공허(inner void)' 현상에 의해 붙여진 이름이기도 하다. 삶의 의미를 잃어버린 마음의 상태가 바로 실존적 공허이다. 삶의 목적이나 의미를 찾지 못하는 데서 오는 삶 자체에 대한 근본적인 회의감을 의미한다. 실존적 공허는 삶의 의미를 찾도록 도와주는 것을 목적으로 하는 의미치료에서 마땅히 중요한 자리를 차지한다.

빅터 프랭클이 진료한 많은 환자에게서 보았던 실존적 공허는 정신 질환을 가진 사람들에게만 나타나는 현상은 결코 아닐 것이다. 인간은 누구나 다 한 번쯤 내가 어디에서 와서 어디로 가는지, 왜 살고 있는지, 나는 누구인지에 대해 생각할 수밖에 없다. 어린아이였던 내가 지는 태양을 보며 가장 행복했던 순간에 어렴풋이 느꼈던 삶의 유한성과 허무도 모든 인간에게 내재한 기본적인 감정인 빅터 프랭클의 실존적 공허와 맞닿아 있다.

내가 몸담고 있는 대학의 외국인 교원 상담 교수로서, 나는 오래 전부터 우리 대학 외국인 교직원과 학생들을 상담해 오고 있다. 그중 몇 년 전 상담했던 한 여학생을 잊을 수가 없다.

미국에서 교환학생으로 온 올리비아는 조현병과 우울장애 등을 앓고 있으면서 자해를 멈추지 않는 학생이었다. 처음 내 연구실로 들어온 그녀는 고개를 숙이고 있었고 내 얼굴을 쳐다보지 않았다. 가장 놀랐던 순간은 내 맞은편에 앉은 올리비아의 팔을 보았을 때였다. 손목과 아래팔을 칼로 그은 자국이 그렇게 많은 사람을 나는 그전에 본 적이 없었다. 가로로 세로로 얼마나 많이 그어 댔는지 마치 회를 쳐 놓은 것 같았다. 알고 보니 어릴 때부터 지금까지 오랜 시간 동안 계속 자해를 해오고 있었다.

칼로 그은 지 얼마 안 되어 보이는 붉은색 상처도 여럿 보였다. 나는 그녀에게 아프지 않냐고 물었다. 그녀는 팔을 칼로 그으면 그은 곳뿐만 아니라 그 주위의 옛날 상처도 함께 피가 나고 아픈 동시에 어떤 안도감과 편안함을 느낀다고 했다.

올리비아는 미국 대도시 슬럼가에서 태어나 이혼한 부모 사이를 오가며 자랐다. 그녀의 집에는 항상 많은 친척과 이웃사촌이 들락거렸다. 그들에 의해 어려서부터 수시로 성폭행과 폭력에 시달렸고 그녀는 자해하기 시작했다. 딱히 신뢰할 만한 사람도, 진지하게 의논할 대상도 없었다. 그렇게 그녀는 혼자 버텨 냈고 나름대로 최선을 다해 자신을 지키고 방어하면서 살아왔다. 올리비아는 20대 중반의 젊은 여성이 겪을 수 있는 모든 나쁜 것은 하나도 빠짐없이 다 경험한 것 같았다. 그녀의 삶은 이제 더 이상 나빠질 수 없다는 확신이 들 정도였다.

그런데 한 가지 특이한 점은 올리비아가 항상 흰 도화지와 여러 색의 색연필을 가지고 다닌다는 것이었다. 내가 그것들을 왜 가지고 다니냐고 물었더니 그녀의 얼굴에 처음으로 화기가 돌면서 드디어 그녀가 피어났다. 그녀는 수줍게 웃으며 얘기했다.

"저는 원래 그림 그리는 것을 좋아해요. 그래서 어디를 가든 항상 종이와 색연필을 가지고 다니면서 수시로 그림을 그려요. 내가 만나는 사람들과 내 눈에 들어오는 아름다운 풍경들 … 그림을 그릴 때는 그리는 대상에 푹 빠져서 즐겁고 행복하거든요."

그 이야기를 나에게 해 줄 때 그녀의 두 눈은 반짝반짝 빛이 났고 왠지 자신감이 있어 보였다.

알고 봤더니 올리비아는 그림도 잘 그렸고, 아르바이트로 일하던 곳에서도 능력을 인정받아 어린 나이임에도 불구하고 매니저 자리까지 올라갔다. 또한 친구들과 신뢰를 쌓고 그들에게 상담사 역할도 해 주는 등 많은 강점을 지니고 있었다.

그렇지만, 내재된 우울감과 낮은 자존감과 삶의 무의미가 현재 그녀의 기본값(default)이었다. 의미 없음과 공허함을 재료로 하는 실존적 공허에서 벗어나고자 하는 몸부림의 한 형태로 올리비아는 지속적으로 자해를 일삼았다. 그리고 한편으로는 삶의 순간순간마다 자신의 눈에 들어오는 바깥세상의 평온한 광경들을 화폭에 담아 표현함으로써 지독하게 자신을 괴롭히는 실존적 공허에서 잠시나마 벗어나고 있었다.

올리비아는 이제 본국으로 돌아가 지낸다. 그곳에서도 계속 상담을 잘 받고 의사 처방전에 따라 약도 복용하면서 그녀의 기본값이 긍정과 행복과 의미 있음으로 변하기를 기대한다.

쳇바퀴 돌 듯 똑같이 돌아가는 삶 가운데 우리는 무기력을 경험할 때도 많다. 딱히 나쁘거나 불평할 상황은 아니지만 그렇다고 마냥 좋은 것도 아닌, 애매한 상태 말이다. 그냥 뭔가 진부하고 시들한 감정 같은 것을 느낄 때도 있다.

어떤 이들은 배부른 소리 하지 말라며 비웃을 수도 있을 것이다. 그들이 옳을 수도 있다. 사는 것이 허무하게 느껴진다는 것은 매우 주관적이고 개인적인 감정이다. 그런 의미에서 우리가 느끼는 공허하다는 사적인 감정에 대해 타인들이 쉽게 간섭하거나 개입하는 것을 조심해야 한다.

문득문득 밀려오는 삶의 허무를 감지한다면 어떻게 해야 할까? 우선 내 안에 잠자고 있는 삶의 의미를 일깨우고, 찾아내고, 발견하려는 시도를 감행해 보자. 빅터 프랭클이 이야기한 '실존적 공허'를 경험하고 있는 텅 빈 우리 마음의 빈자리에 삶의 의미를 채워 넣어야 한다.

사는 것이 허무하게 느껴질 때 그 감정들을 나의 내부에 가두어 두지 말고, 사랑의 눈과 열린 마음을 가진 누군가를 찾아서 이를 표출하고 말로 표현하고 그 감정의 의미를 함께 나누어야 한다. 안전하고 건강한 사람과 환경을 선택해서 우리의 허무감을 마음껏 풀어헤치는 지혜가 필요하다.

삶의 허무를 빨리 감지해 버린 어린 시절의 나는 제일 신뢰하는 측근인 엄마와 대화함으로써 슬프고 감당하기 벅찬, 죽음에 대한 그리고 '실존적 공허'에 대한 이슈를 나름대로 직면하고 풀어나갔을 것이다. 어린 철학자(?)로서의 허무감은 끊임없이 모든 것에 대해 질문함으로써 엄마를 못살게 굴었을 하나의 화두이자 오랫동안 우리 모녀의 대화 재료였음에 틀림이 없다.

삶의 허무함의 무게를 감당하지 못하고 정신적 고통의 완화를 위해 끊임없이 자해를 시도하는 올리비아의 경우는 어떠한가? 보다 건전한 그녀의 고통의 아웃렛(outlet), 즉 출구는 눈에 띈 사물들을 도화지에 옮겨놓는 것이다. 그림이라는 도구가 올리비아의 부정적인 내면의 절규를 들춰내고 표출함으로써 그녀의 영혼 깊숙이 쌓여 있던 노폐물을 흘려보내는 정화, 즉 카타르시스(catharsis)의 역할을 하는 것이다.

좀 더 나아가 보다 근원적이고 원초적으로 들어간다면, 인간 존재의 뿌리와 연관된 신(神)이나 영적인 존재와의 만남으로 인간의 영혼을 깊숙이 파고드는 허무의 감정들을 다스릴 수도 있다. 시공을 초월하는 절대자와의 만남과 합일도 결국 유한한 인간이 삶의 허무함을 뛰어넘고 초월할 수 있는 효율적이고 효과적인 방법일 수 있지 않을까?

이와 같이, 사는 것이 허무하게 느껴질 때 우리는 고무적이고 긍정적인 수단을 통해 심적 압박감을 이겨내야 한다. 인간에게 뿌리 깊게 내재한 허무와 텅 빈 느낌의 완화와 카타르시스를 위해 신뢰할 만한 지인 혹은 전문가의 도움을 받거나 그림과 같은 예술을 활용할 것을 제안한다.

빅터 프랭클의 책 《삶의 의미를 찾아서》에는 오스트리아 출신의 유명한 코미디언 퀄팅거(Qualtinger)가 오토바이를 타고 노래를 부르는 장면이 나온다.

거기서 그는 "그래 맞아. 나는 지금 어디로 가고 있는지 전혀 모르지만, 어쨌든 그곳에 더 빨리 도착할 거야.(It is true, I have no idea, where I am going, but anyway, I am getting there faster.)"라고 노래한다.

코미디언 퀄팅거처럼 어쩌면 우리도 열심히 뛰고는 있는데 어디를 향해 왜 뛰어가고 있는지 전혀 모르고 있는 것은 아닐까? 그렇지 않으면 뒤처지고 혼자 남을 것이라는 생각이 우리를 옥죄고 있는 것은 아닐까? 똑같은 일상 가운데 바삐 움직이지만 우리의 가슴은 뻥하니 뚫린 것 같고, 이유는 알 수 없으나 왠지 자꾸 발을 움직여야 할 것 같은 초조함과 불안감 같은 것을 느끼면서 말이다.

오랜 일본의 식민지 시기에서 벗어난 지 불과 몇 년 되지 않은 1950년에 우리 민족은 6.25라는 또 다른 위기와 고난을 겪어야 했다. 그럼에도 불구하고 전국경제인연합회에 따르면 한국은 세계 국력 순위 세계 6위인 막강한 나라로 우뚝 섰다(매일일보, 2023). 한강의 기적을 이루며 지금의 탄탄하고 매력적인 대한민국을 일으켜 세우는 동안 우리는 앞만 보고 열심히 달려왔다.

그리고 취업난과 고용 불안, 저성장 시대의 미래에 대한 불확실성, 치솟는 집값과 주거 불안, 노후 준비의 불안정성 등 사회 경제 상황과 맞물린 삶의 현안과 씨름하느라 우리는 지금도 앞만 보고 달리는 중이다.

  우리는 자기 자신을 들여다보고 돌봐야 하는 시간이 필요하다. 미처 챙기지 못한, 그러나 가장 중요한 '나 자신'에게 말을 걸어야 할 순간은 바로 지금이다. 이제는 정말 그 시간이 왔다.

session 23

그래도
삶의 의미는 찾아진다

의미 치료

캘리포니아주 로스앤젤레스군에 위치한 공교육 지구인 벨플라워 유니파이드 스쿨 디스트릭트(Bellflower Unified School District, BUSD)의 한 초등학교에서 가이드 인턴(guidance intern)으로 일한 적이 있다. 학생들이 주요 학습 목표를 달성하도록 돕기 위해 설계된 BUSD의 교육과정을 소개하는 일을 맡았다. 아울러 학생들의 개인 혹은 집단 상담과 그룹 활동도 진행했다.

개인 상담을 했던 학생들 중 초등학교 4학년이었던 남학생 제프(Jeff, 가명)를 나는 아직도 잊을 수가 없다. 제프의 부모님은 제프가 아기일 때 이혼해서 각자 재혼했다. 제프는 외할머니 손에 컸고 그 당시에도 외할머니와 함께 살고 있었다. 통통하고 수줍음을 많이 타는 아이였는데 귀여웠다. 특히 그의 길고 새까만 속눈썹이 마치 인형같이 정교하고 예뻤다.

제프는 늘 엉덩이가 나올 정도로 작은 옷을 입고 다녔다. 말수가 심하게 적었고 친구들과 잘 어울리지 못했다. 늘 무표정한 얼굴을 하고 있었고 공부에도 별 관심이 없는 아이였다. 나는 제프가 도대체 세상천지 무슨 낙으로 사는지 정말 궁금했다. 상담 목표는 제프가 좀 더 활달하고 적극적으로 학교 친구들과 어울리고 공부에 취미를 갖게 하는 것이었다.

나는 매주 한 시간씩 점심시간에 제프를 상담했다. 제프는 학교 식당에서 음식을 담은 점심 식판을 내 상담실로 가져왔고 나는 내가 싸 온 샌드위치를 먹으며 상담을 진행했다. 우리는 주로 제프가 지난 일주일간 무엇을 하고 지냈는지 특별한 일은 없었는지 등을 얘기했다.

제프는 주말마다 각자 재혼한 어머니 집이나 아버지 집에 가서 지냈는데 그곳에서의 소소한 일상들을 내게 얘기해 주었다. 물론 내가 여러 번 물어야지 겨우 한 번 답을 할까 말까 했다.

시간이 지나면서 나는 제프에 관해 꽤 많은 정보를 얻을 수 있었다. 제프는 재혼한 부모님 집에 가서 주말을 지내는 것을 별로 좋아하지 않았다. 처음부터 제프는 그의 부모에게 부담이었고 하나의 짐 덩어리로 여겨졌던 것 같았다. 그것을 제프 스스로도 잘 알고 있었고 그는 환영받지 못하는 아이라는 생각 때문인지 어디를 가나 사람들의 눈치를 살폈다.

어쩔 수 없이(?) 손자를 떠맡게 된 외할머니 또한 경제 사정이 여의치 않았다. 여기저기서 아르바이트로 일하느라 제프를 돌볼 시간적 그리고 정신적 여유가 없었다. 제프의 공부를 봐준다는 것은 더더욱 불가능했다. 외할머니에게도 제프에게도 현실은 녹록지 않은 삶의 현장이었다. 제프는 학교는 물론이고 이 지구상에서 자기의 위치를 점점 잃어 가고 있는 것 같았다.

나는 아주 가끔 쏟아내는 제프의 말들이 행여나 땅에 떨어질까, 소중하고 귀하고 조심스럽게 그것들을 내 귀와 눈과 마음에 쓸어 담았다. 나는 가능한 한 제프가 자기의 생각과 느낌 등 내면의 소리를 밖으로 잘 표현해 낼 수 있도록 기다려 주고 격려해 주었다. 그는 어쩌다 한마디씩 던지고는 점심을 먹으면서 짧은 옷소매를 자꾸 밑으로 잡아당기곤 했다.

상담을 끝내고 나갈 때면 몸을 일으켜서 엉덩이 밑까지 내려온 바지를 안전하게 끌어 올린 후에 점심 식판을 들고 나갔다. 그의 그러한 행동에서 나는 왠지 모를 서글픔을 느꼈다. 그런 제프는 아주 가끔씩 어른 같은 말을 해서 나를 깜짝 놀라게 하기도 했다.

정해진 상담 기간이 거의 끝나갈 무렵 제프는 이전보다 훨씬 자연스럽고 자유롭게 상담에 임하기 시작했다. 마음 깊숙이 감쳐 두었던 보물들을 한꺼번에 그리고 급하게 끄집어내기 시작한 것이다. 마치 무대 조명이 꺼지기 직전에 무대 위에서 혼신의 힘을 다해 마지막 연기를 쏟아내는 연극배우 같았다.

제프는 커서 소방관이 되고 싶다고 했다. 왜 소방관이냐고 물었더니, 많은 사람을 위험에서 구해내고 싶어서라고 했다. 또한 소방관의 봉급이 많아서 좋다고 했다. 제프의 말대로 미국 소방관의 연봉이 꽤 높은 편인 것은 맞다. 제프는 행복하기 위해서는 소방관이 되어야 한다고 굳게 믿고 있었다. 나는 제프가 행복하고 싶어 한다는 것을 처음 알았고 그것이 좋았다.

아니, 매사에 소심하고 세상천지에 재미라고는 없을 것 같던 우리 꼬마 제프가 소방관 월급에는 또 언제 관심을 가졌을까? 그런데 정말 내가 놀라고 제프를 다시 보게 된 것은 그와의 마지막 상담에서였다. 여느 날과 마찬가지로 제프는 점심 식판을 들고 내 상담실로 왔다. 우리는 함께 점심을 먹으며 마지막 상담을 진행했다.

제프도 나도 이것이 우리의 마지막 상담이라는 것을 알고 있었다. 그동안에 나눈 이야기들을 정리하고 또 앞으로 학교생활에 더 잘 적응하기 위한 방법들도 이야기를 나누었다. 공부도 열심히 하고 친구들과의 관계도 어떻게 하면 더 나은 방향으로 개선할 수 있을지 고민하는 시간도 가졌다.

인사하고 헤어질 시간이 다가왔는데 제프가 자꾸 머뭇거렸다.

언제 일어서려나 기다리고 있는데 갑자기 제프가 먹지 않고 점심 식판에 남겨두었던 사과를 내게 내밀었다. 그러고는 먹으라고 했다.

제프가 상담 마지막 날에 심리 상담사인 나에게 사과를 선물한 것이 그리 이상한 일이 아닐 수 있다. 그런데 사과를 집어서 나에게 주는 제프의 태도와 말투가 나를 놀라게 했다.

제프는 그전에 단 한 번도 내 이름을 부른 적이 없었다. 부를 이유도 없었고 또 부르지도 않았다. 그런데 그날 사과를 집어서 내 손에 쥐어 주면서 "시몬, 이 사과는 당신을 위해 남겨 둔 거예요(Simone, this is for you)."라고 했다.

내가 놀란 것은 우선 제프가 마치 작심한 것처럼 아주 자연스럽게 내 이름을 처음이자 마지막으로 부른 것이다. 그것은 무례하거나 예의에 어긋나게 느껴지는 종류의 어투가 아닌 사랑으로 가득한 말투였다.

내가 놀란 두 번째 이유는 제프의 너무나도 당당하고 따듯한 말투 때문이었다. 좀 과장해서 말하자면, 마치 오빠가 사랑스러운 여동생에게 하는 말투와 닮아 있었다. 맛있는 것을 먹고 싶지만 참고 남겨 두었다가 하나뿐인 귀한 여동생에게 애정과 따듯함을 듬뿍 담아서 다정하게 손에 쥐어 주는 빨간 사과 한 알과 같았다.

나는 잠시 머뭇거렸다. 오만 가지 생각이 내 머리를 스쳤다.

넉넉지 않은 제프의 가정 형편과 그 와중에 외손자 제프를 나름 잘 키워보려는 외할머니의 노력 그리고 왠지 이 사과를 먹고 힘을 내야 할 것 같은 제프의 배고픈 몸과 마음. 나는 그 순간 10살짜리 아이의 때 묻지 않은 청정한 진심과 자존심을 고마운 마음으로 받아야 할 의무감을 느꼈다. 같은 사람으로서, 어른으로서 또 마지막으로 그의 카운슬러로서.

그에게 소중했을 예쁜 사과 한 알을 나에게 쥐어 주고 일어서는 제프는 이전의 제프가 아니었다. 이제 더 이상 자신감 없고 낮은 자존감을 가진, 그래서 목소리가 늘 기어들어 가던 제프가 아니었다. 나름 정이 들고 감사하게 느꼈을 심리 상담사인 나에게 고마움의 마음을 표시할 만큼 훌쩍 큰 아이로서 제프는 그날 내 상담실 문을 열고 나갔다.

나는 제프에게 내가 사과를 무척 좋아하는데(참고로 나는 정말로 사과를 좋아한다.) 맛있게 잘 먹겠다고 그리고 고맙다고 마치 오빠(?)를 대하듯 깍듯이 인사했다.

나는 식판을 들고 성큼성큼 상담실 문을 향해 걸어가는 제프의 마지막 뒷모습을 물끄러미 바라보면서 코가 찡해 오고 목이 멨다. 내 손에 들린 빨간 사과에 묻어 있는 제프의 희망찬 결심과 당당한 도전을 어루만지며 나는 그의 용기를 응원했다. 아, 그리고 나는 분명히 보았다. 새까맣고 긴 속눈썹을 휘날리며 상담실 문을 열고 나를 향해 성큼성큼 다시 들어오는 멋진 소방관

유니폼 차림의 눈부신 30대 제프를.

오스트리아의 신경학자이자 심리학자인 빅터 프랭클(Viktor Frankl, 1905~1997)은 그의 책 《죽음의 수용소에서(Man's Search For Meaning)》에서, 그가 개발한 logotherapy(의미치료)라는 이름이 '의미'를 뜻하는 logos라는 헬라어(Greek)에서 따온 말이라고 설명한다. 의미치료는 인간 존재의 의미와 또 그 의미를 찾고자 하는 인간의 의지에 초점을 둔 이론이다.

빅터 프랭클의 책 《삶의 의미를 찾아서(The Will To Meaning: Foundations and Applications of Logotherapy)》에 의하면 의미치료사(logotherapists)는 환자(혹은 내담자)에게 그가 추구하고 지향해야 하는 삶의 의미가 있음을 납득시켜야 한다. 그러나 의미치료사가 그 의미를 알고 있는 것처럼 하지는 않는다. 의미는 찾는 것이지 주어지는 것이 아니라는 말이다. 삶의 의미 찾기에서 중요한 것 중 하나는 어려운 상황에 대한 자신의 태도이고 자기 자신과 그 상황을 넘어서서 성장하는 것이다.

부모님에게 버림받았고 경제적으로도 또 학교생활에도 어려움을 겪고 있는 제프의 삶은 의미가 없는 것일까? 아니다. 그것을 딛고 넘어서서 자신의 삶의 의미를 찾아내면 그 삶은 의미가 있는 것이다.

겉으로 보이는 것과 상관없이 삶은 무조건 의미가 있고 삶에 의미가 없었던 적은 결코 없다. 최악의 상황에서도 나름대로 삶의 의미를 찾으려면 찾을 수 있다. 나와 제프는 언어적·비언어적으로 상호 작용하고 소통하면서 서로에게 삶의 의미를 부여해 주고 있었다.

제프는 사람들에게 도움을 주는 소방관이 되겠다는 결심과 함께 자신의 삶에 의미를 부여했다. 위험에 처한 사람들을 구해내고 지켜준다는 것이 제프가 스스로에게 부여한 그의 삶의 의미 중 하나였던 것이다. 맛있는 사과를 자신이 먹는 대신에 상담사인 나에게 줌으로써 제프는 미래의 소방관이 갖춰야 할 타인에 대한 배려심을 이미 실천하고 있었다.

제프와의 마지막 상담 날에 내 상담실 문을 열고 나가던 10대의 어린 제프가 그다음 순간 30대의 멋진 소방관으로, 당당하게 다시 상담실로 걸어 들어오는 모습을 나는 분명히 보았다. 성인이 되어 훌륭한 소방관으로 활동하는 미래의 제프를 나는 그날 이미 본 것이다. 소방관이 되어 다른 사람들을 도와주고 경제적으로도 풍족하게 살고 싶다는 마음속 깊은 갈망과 염원을 자신에게 되뇌는 순간 나는 제프가 삶의 의미를 스스로 찾고 부여했다고 믿는다.

삶은 무조건적으로 의미가 있다. 이 순간 당신은 당신의 삶에 어떤 의미를 부여하고 있는가?

session 24

혼자서도
잘 놀 수 있는 용기

고독한 군중

처음 집을 떠나 기숙사에 입사해서 살고 있는 대학 신입생 수아(가명)를 상담한 적이 있다.

"교수님. 정말 숨이 막혀 죽겠어요. 친구들과 함께 밥 먹고 있을 때도, 이른 아침이나 늦은 밤, 심지어 수업 시간에도 엄마가 자꾸 전화를 해요. 저를 처음 집 밖으로 떠나보내고 걱정되기도 하시고 또 많이 외로우신가 봐요."

문제는 수아의 어머니가 수아에게 시도 때도 없이 너무 자주 전화해서 부담스럽다는 것이었다.

"원래 엄마하고 저하고 베프(best friend)거든요. 쇼핑도 같이 가고 거의 모든 것을 둘이 함께했어요. 아… 엄마와 통화하는 것이 싫다는 게 아니고… 하루에도 여러 번 전화하셔서 정말 부담스러워요. 처음 대학에 와서 새로운 환경에 적응하고, 새로 생긴 친구들과 함께 시간을 보내고 또 공부하느라 바빠 죽겠는데….”

원래 두 모녀가 친했는데, 수아가 집을 떠나오면서 어머니는 친구와 딸을 동시에 잃어버린 것이었다. 반면에 활달하고 외향적인 수아는 부모님의 그늘에서 벗어나 대학이라는 새로운 환경에서 새로운 사람들과 함께 다른 차원의 삶을 즐기고 있었다.

수아의 어머니는 갑작스러운 변화에 아직 적응하지 못하고 있었다. 아마도 중년 여성이 주로 겪는 것으로 알려진 '빈 둥지 증후군(empty nest syndrome, 사랑하는 가족의 일원이 집을 떠나 독립하면서 느끼는 인생에 대한 허무감과 상실감)'을 경험하고 있는 것 같았다. 이것은 특히 요즘 자녀가 하나둘밖에 없는 부모들이 흔히 겪는, 어쩌면 자연스러운 현상일 수도 있으나 모든 부모가 다 빈 둥지 증후군을 겪는 것은 아니다.

수아는 사랑하는 어머니와 새로 시작한 대학 생활과 새로 생긴 학교 친구들 사이에서 혼란해하고 있었다. 나는 수아에게 자신의 이러한 혼란스러움에 관해 어머니와 솔직히 대화해 보았냐고 물었다.

수아는 "엄마에게 제가 요즘 많이 바쁘니 너무 자주 전화하지 말아 달라고 당연히 얘기했죠. 그런데 엄마가 이해를 못 하셨는지 계속 전화를 하시는 거예요." 하면서 답답하다는 듯이 한숨을 푹푹 내쉬었다.

많은 경우에 우리는 상대방이 우리의 마음과 심정을 이해해 줄 것이라는 착각을 하고 산다. 특히 가족이나 친구, 연인처럼 가까운 사이일수록 더욱 그러하다. 너무 가깝고 익숙하다 보니 내가 속속들이 설명하지 않아도, 혹은 심지어 얘기조차 하지 않아도 당연히 내 의중을 이미 잘 파악하여 알고 있을 것이라고 여기기 쉽다. 그러나 이것은 오산이다.

나는 수아에게 제안했다.

"엄마와 좀 더 진솔하게 구체적으로 수아의 현재 상황과 느낌을 나눠보면 어떨까요? 수아의 생각과는 달리 어쩌면 엄마는 사랑하는 딸 수아가 왜 엄마와 통화를 자주 하기 힘들 정도로 바쁜 건지 전혀 모르고 있을 수도 있지 않을까요? 엄마를 더 이상 사랑하지 않거나 엄마와의 전화 통화가 싫은 것이 아니고 대학 생활에 적응하느라 몸도 마음도 바빠서 이전과 똑같이 엄마와 많은 시간을 보낼 수 없는 안타까운 현실에 대해 솔직하게 털어놓고 대화해 보는 게 좋겠어요."

처음 몇 주는 쉽지 않았지만, 이제는 수아의 어머니가 수아의 스케줄에 맞추어 그것도 일주일에 두세 번만 서로 합의한 시간에 전화 통화를 한다. 시간이 갈수록 어머니도 수아의 진심을 많이 이해하고 받아들이고 딸에게 덜 의존하는 것 같았다. 이전

만큼 자주 통화하지는 않지만, 이제 수아와 엄마는 무거운 대화 대신 둘만의 정다운 소통을 서로가 즐기는 듯했다.

수아의 어머니는 인생은 결국 혼자임을 깨달으며 사랑하는 딸을 놓아주고 각자도생의 현실에 잘 적응하는 지혜를 터득해 나가고 있었다. 가족과 사랑하는 사람들이 주위에 있고 없고와 상관없이 모든 사람은 혼자라는 기본값(default) 상태를 인식하고 받아들이고 있는 것이었다.

내가 모든 인간은 혼자라는 사실을 새삼 깨달은 또 하나의 사건이 있었다.

언젠가 고열이 나고 호흡이 곤란하신 아버지를 모시고 대학 병원 응급실에 간 적이 있다. 폐에 바이러스가 침투했으나 다행히 폐렴은 아니었다. 약 일 주간 입원 후 퇴원하셔서 감사하게도 지금은 잘 지내고 계신다.

그날 응급실 복도 의자에 앉아서 네다섯 시간을 기다리는 동안 나는 좀 특이한 광경을 목격했다.

응급실에서 필요한 검사와 치료를 받고 중환자실이나 일반 병실로 옮길 때 의료진과 보호자가 함께 침대를 끌고 간다. 보통은 환자가 얼굴만 내놓고 몸은 시트로 덮은 상태로 이동한다. 그런데 얼굴을 포함한 몸 전체를 마치 묶은 것처럼 시트로 타이트하게 감싼 환자 침대 하나가 내 바로 앞을 지나갔다.

보호자는 보이지 않았고 의료진만 침대를 급히 옮기고 있었다. 침대가 나와 거의 닿을 만큼 가깝게 내 앞을 스쳤다. 순간 섬뜩한 느낌이 머리끝에서 발끝까지 전달됨을 느꼈다. 아마도 그 환자는 병실이 아닌 시체 안치실로 향한 것 같았다.

몸 전체가 하얀 시트로 감싸인 채 내 바로 앞에서 의료진에 의해 어디론가 옮겨지던 그 환자는 과연 누구였을까? 그 사람은 가족이 없는 것일까? 아니면 아직 가족이 이 사실을 모르고 있는 걸까? 가족과 연락이 닿았다면 그들은 지금 슬픈 가슴을 쓸어내리며 비를 헤치고 급히 병원을 향해 차를 몰고 오는 중일까? 그날은 어둡고 비가 오락가락하던 날이었다.

어찌 되었건 그 환자는 그 시간, 그렇게 혼자 덩그러니 대학병원 응급실 침대에 누워있었다. 사랑하는 부부나 가족, 친지라 할지라도 대신 아프거나 죽어 줄 수는 없다. 병원 응급실에서 우리는 결국 그렇게 혼자다.

미국의 사회학자 데이비드 리스먼(David Riesman, 1909~2002)이 1950년에 그의 동료 두 명(Reuel Denney & Nathan Glazer)과 함께 출간한 책 《고독한 군중: 변하고 있는 미국의 성격 연구(The Lonely Crowd: A Study of the Changing American Character)》가 있다. 현대 산업사회와 도시사회의 한 사회적 현상으로서 군중 속에서 느끼는 개인의 소외감을 신랄하게 그려낸 책이다.

이 책의 등장과 함께 '고독한 군중'이라는 현상이 인간의 기본 설정값의 한 형태로 지속적인 조명을 받고 있다. 꽤 많은 시간이 흐른 지금도 '고독한 군중'은 강하고 설득력 있는 캐치프레이즈로 우리 사회와 인간을 이해하고 설명하는 데 일조한다.

리스먼과 그의 동료들은 인간을 세 가지 유형으로 나눈다.

첫 번째는 이전 세대가 정의하고 확립해 놓은 방향으로 움직이는 사회화 유형인 '전통지향형(tradition-directed)'이다.

두 번째는 확립된 규범이 아닌 자신의 심리적 자이로스코프(gyroscope: 축이 어느 방향으로든지 놓일 수 있는 회전하는 바퀴)를 사용하여 발견한 것을 바탕으로 살고 있으며, 자기 내면의 잠재력을 발견하는 것에 초점을 둔 '내부지향형(inner-directed)'이다.

그리고 마지막으로, 타인의 시선과 반응에 민감하고 또래 집단의 영향을 많이 받는 '외부지향형(혹은 타인지향형, other-directed)'이 있는데 바로 이 유형이 고독한 군중을 대표한다. 외부지향형은 매스미디어와 외부의 충격에 예민하고 신경을 많이 쓰는 경향이 있다. 무한 경쟁, 빈부 격차, 소외감 등으로 인한 불안과 고독에 시달리는 성격의 사람들이 고독한 군중에 속한다는 것이다.

리스먼은 1940~1950년대 미국 대도시 중산층(urban middle class)의 사회적 성격에 연구의 초점을 두었다. 그러나 4차 산업혁명 시대, 인공지능과 가상 세계의 시대를 사는 한국을 비롯한 급변하는 세계 곳곳의 사회적 현상은 '고독한 군중' 심리와 깊게 연결되어 보인다.

지금 우리는 어떠한가? 복잡한 지하철 안에서 몸은 맞닿아 있지만 사람들은 핸드폰과 인터넷 안 각자의 공간에 분리되어 있다. 타인들과 물리적으로는 같은 장소를 공유하지만 우리는 서로 연결되어 있지 않다. SNS(사회적 관계망)의 발달로 이제 가상의 공간에서 가상의 인물과 관계를 맺는 데 더 익숙하다. 이것은 네이트 클렘프(Nate Klemp, 1979~)의 책 《오픈: 열린 마음(Open: Living with an Expansive Mind in a Distracted World)》에서 말하는 '닫힘 현상', 즉 마음을 닫고 감옥에 갇혀 있는 것과 일맥상통한다. 클렘프는 디지털 중독과 정치적 양극화가 닫힘의 중요한 원인 두 가지라고 주장한다.

특히 포스트 코로나 시대를 사는 지금의 우리는 더욱 그러하다. 온라인(on-line), 언택트(untact), 사회적 거리 두기에 익숙한 사람들은 이제 '진짜 사람'과 소통하고 대면하는 것에 불편함과 생소함을 느끼기까지 한다. 그렇게 또 우리는 결국 혼자라는 사실을 받아들이고 그것에 익숙해지는 듯하다.

아주 오래전에 읽은 외로움에 관한 어느 UCLA 심리학 교수의 논문이 생각난다. 그 논문의 흥미로운 주장 중 하나는 혼자 사는 독신보다 결혼한 부부가 외로움을 더 많이 느낀다는 것이었다. 독신은 원래 혼자이므로 외로움에 익숙하지만, 외롭지 않기 위해서 결혼했는데 부부가 등을 돌리고 침대에 누워있을 때 느끼는 외로움의 강도는 혼자일 때보다 더 강할 수밖에 없다는 논리이다.

결혼은 어느 정도는 외로움의 해결책이 될 수는 있을 것이다. 그러나 존재론적인 면에서 볼 때 인간은 결국 내면 깊은 곳에서 혼자일 수밖에 없다.

산업 동향 연구소에서 2024년 초에 《로봇·드론·인공지능(AI) 산업 동향 및 시장 실태와 전망 2》를 발간하였다. 이 책에서 보여주듯이 인공지능을 바탕으로 한 로봇이 단지 기계 수준에서 벗어나 이제는 인간의 감성까지 인식이 가능한 수준으로 진보하고 있다.

어느 전문가가 언급한 것처럼 로봇이 인간처럼 꿈도 꾸고 눈치도 보고 자아를 가지게 된다면, 진짜 인간인 우리의 정체성에 과연 어떤 영향을 미칠 것인가? 가짜 인간인 인공지능 로봇과 함께 살아가야 한다면 우리는 그 어느 때보다도 더 혼자임을 실감하게 될지도 모른다.

인간은 사회적 동물이다. 그러나 동시에 또 혼자이기도 하다. 진짜 인간들과 관계를 맺든 아니면 가짜 인간인 로봇과 상호작용을 하든 우리는 혼자 태어나서 혼자 죽는다.

사랑하는 딸을 처음으로 대학 기숙사로 보내고 빈 둥지 증후군으로 외로움에 시달리던 수아 엄마도, 하얀 시트에 싸여 어쩌면 시체 안치실로 향했을지 모르는 병원 응급실에서 맞닥뜨린 환자도 모두 결국은 혼자였다.

삶의 기본값은 고독이다. 다른 사람을 자꾸 내 삶 안으로 끌어들이려는 시도를 멈추고 혼자의 삶을 살아가는 법을 일깨워야 한다. 나의 행복이 다른 사람들과의 관계에 의해 좌지우지되어서는 안 되기 때문이다. 우리는 모두 혼자서도 잘 노는 법을 터득해야 한다. 혼자서도 잘 노는 사람들이 어쩌면 다른 사람들과도 더 잘 놀 수 있을지도 모른다.

session 25

나를 비운 뒤
건져 올린 진짜 나

자기 분리

　　　　　　화장을 하지 않고 공적으로 사람들 앞에 선 적은 없었던 것 같다. 공적인 자리에서 자신을 가능한 한 최상의 상태로 보여주는 것이 예의라는 생각에서였다. 그런데 비교적 최근에 그 룰을 깨야만 했다. 백내장 수술 때문이었다.

　우리 가족은 모두 시력이 좋은데, 어릴 때부터 유독 나만 시력이 좋지 않았다. 물론 지금 부모님은 연세가 드셔서 돋보기안경을 쓰신다. 나는 시력도 시력이지만 눈이 뿌옇게 보이고 이물질 같은 것들이 자꾸 날아다녔다(이런 현상들이 백내장의 전형적인 증상이라고 말하는 것은 아니다.).

　그때부터 인터넷을 샅샅이 뒤지고 백내장 관련 정보들을 수

집하기 시작했다. 수술비도 천차만별이고 무엇보다도 미용실 원장님이 들려준 이야기가 자꾸 마음에 걸렸다. 백내장 수술이 잘못되어 지금은 두 눈이 다 안 보인다는 어느 50대 남자분의 슬프고 끔찍한 이야기였다. 그런 우여곡절 끝에 2023년 1월 겨울 방학 때 드디어 백내장 수술을 받았다.

의사의 지시에 따라 한 달간, 샤워는 할 수 있었으나 얼굴은 씻지 못하고 그냥 물수건으로만 닦았다. 수술 뒤 한 달 후부터 화장도 가능하다고 했는데 그건 아니었다. 개인차가 있겠지만 나는 한 달 후 화장을 가볍게 했음에도 눈 쪽이 불편하게 느껴졌다. 그래서 안전하게 한두 달 더 화장하지 않기로 결정을 내렸다.

그런데 문제는 3월부터 새 학기가 시작된다는 것이었다. 맨얼굴로 학생들과 사람들 앞에 선다는 것은 과거에는 상상도 못 했다. 하지만 어쩌겠는가? 내 눈과 시력이 달린 문제였다. 3~4월 두어 달간 눈을 질끈 감고 화장하지 않은 채 수술 전부터 써오던 마스크만 착용하고 수업을 감행하고 미팅에 참석했다.

평생 처음 경험하는 맨얼굴 데뷔(?)는 색다른 삶의 경험을 안겨 주었다. 하늘에서 벼락이 떨어지지도, 천둥이 치지도 않았다. 사람들이 나를 무시하거나 이상하게 대하는 것 같지도 않았다. 새 학기와 나의 삶은 이전과 별로 다르지 않게 흘러가고 있었다. 대신 나는 전에는 미처 경험해 보지 못했던 어떤 자유로움을 만끽하기 시작했다. 어깨에 짊어지고 다니던 짐 하나가 사라진 느낌이었다. 항상 옷을 몇 겹씩 입고 다니던 사람이 마치 옷을 입지 않고 다니는 느낌 같았다. 나 자신이 외부에 좀 더 노출된 듯한 상황임에도 불구하고 어떤 편안을 누리고 즐기기 시작했다.

아, 나는 그동안 왜 내 얼굴을 화장으로 감싸야 한다고 믿어왔던 것일까? 화장하는 행위 자체가 잘못되었던 것은 물론 아니다. 단지 남들 앞에 설 때는 무슨 일이 있어도 꼭 화장을 해야 한다는 강박관념이 문제였다. 종교만큼 강한 힘으로 세뇌당하고 있던 것처럼 말이다.

백내장 수술 덕분에 화장기 없는 얼굴로 사람들 앞에 서기 시작하면서 자연스럽게, 나의 일부로 굳어져 버렸던 익숙한 나 자신을 내려놓는 법을 터득하기 시작했다. 화장에 대한 나의 굳건한 신념을 던져 버렸더니, 어라 깊숙이 숨어있던 익숙하지 않은 내가 수면 위로 떠오르는 것이 아닌가! 그것도 아주 가볍고 산뜻하게 말이다.

긴긴 세월을 물속에 숨어 지내던 시몬(필자의 이름)이 현재 육지에서 활보하고 다니는 다른 시몬에게 넌지시 인사를 건넸다. 이 둘의 극적인 만남은 어쩌면 전혀 다른 새로운 제3의 시몬의 잉태였는지도 모른다.

그렇게 나는 원래의 나를 버리면 진짜 나를 찾게 된다는, 전혀 예상하지 못했던 새로운 사실을 인지하기 시작했다. 이것은 나로 하여금 빅터 프랭클(Viktor Frankl, 1905~1997)의 '역설적 의도(Paradoxical Intention)'를 소환하게 만들었다.

역설적 의도는 홀로코스트 생존자이자 의미치료(logotherapy)의 창시자인 오스트리아의 신경학자, 심리학자 빅터 프랭클이 그의 책 《삶의 의미를 찾아서(The Will to Meaning)》에서 소개한 의미치료의 중요한 기법 중 하나이다. 이 치료 기법은 자기를 자기 자신으로부터 분리(self-detachment)할 수 있는 인간의 역량에 기초를 둔다.

예기불안(anticipatory anxiety)이라는 증상이 있다. 예기불안은 안 좋은 사건이 재발할 것이라는 불안감을 가지고 어떤 사건에 반응하는 것이다. 그래서 결국 어떤 증상이 공포를 유발하고, 그 공포는 다시 증상을 야기한다. 역설적 의도는 이 악순환의 고리를 끊어내는 것에 초점을 둔다.

신체 건강상 아무 문제가 없음에도 불구하고 거리에 나가면 심장마비가 와서 쓰러질 것 같은 공포, 즉 예기불안을 느껴서 집 밖을 나가지 못하는 빅터 프랭클의 환자가 있었다. 그 환자에게 빅터 프랭클은 거리로 나가서 심장마비로 쓰러져 보라고 하며, 환자가 스스로에게 이렇게 말하게 한다.

"어제는 심장마비가 두 번 왔고, 오늘은 세 번 올 시간이 충분해. 아직 아침 일찍이니까. 멋지고 지독한 관상동맥 질환과 뇌졸중까지 덤으로 얻게 될 거야."(Victor Frankle, 2006)

이 과정에서 환자는 의도적으로 자신의 가장 큰 두려움인 심장마비를 직면한다. 의사의 지시에 따라 거리로 나가 심장마비를 유발하려고 시도하면서 그는 자신의 두려움이 실제로는 근거가 없다는 사실을 깨닫는다. 최악의 두려움을 직접 불러일으키려고 했음에도 불구하고 아무 일도 일어나지 않았다는 사실을 경험함으로써 자신의 불안이 비합리적이며 근거 없는 것임을 스스로 인식한 것이다.

이러한 경험은 그 환자에게 자신의 두려움을 객관적으로 바라볼 힘을 주었고, 그가 두려움을 극복하고 집 밖으로 나갈 수 있도록 하는 데 결정적인 역할을 했다. 그 환자는 그렇게 처음으로 자신을 옭아매고 있던 고치를 뚫고 나올 수 있었다.

우리도 이 환자처럼 기존의 자신을 분리하고 포기함으로써 새로운 진짜 나를 만나게 될 수도 있다. 백내장 수술로 상처를 입은 눈이 잘 아물 수 있도록 나는 과감한 선택을 했다. 난생처음으로 화장하지 않고 학생들과 사람들 앞에 맨얼굴의 나를 드러내고 보여주었다. 나 개인에게 그것은 무척이나 용감하고 모험적인 행동이고 변화였다. 맨얼굴로 사람들 앞에 서는 것이 뭐 그리 큰 문제가 되냐고 할 사람도 있을 것이다. 그러나 그것은 나 개인에게는 자신의 중요한 일부를 포기하고 버리는 것을 의미하는 행동이다.

나는 MBTI 성격 테스트의 4가지 지표 중 하나인 I(Introvert, 내향인) vs E(Extravert, 외향인) 성향 두 가지를 비슷한 비율로 가지고 있다. 내향적 기질로 인해 나 자신을 다른 사람들에게 노출하는 것을 꺼리는 편이다. 낯도 많이 가린다. 그러나 많은 사람 앞에 서야 하는 경우에는 완전히 외향적으로 돌변하기도 한다.

'맨얼굴 데뷔'는 나의 어떤 중요한 부분을 헌신짝처럼 과감히 버리게 한 것이었다. 그랬더니 이전에 알지 못했던 나의 전혀 다른 면들과의 만남과 접촉이 시작되었다. 그동안 꼭꼭 숨어 있던 다른 시몬이 드디어 '첫 등장'을 한 것이다.

새로운 시몬은 지금까지 익숙하게 알고 있던 나와는 많이 다른 존재였다. 새로 발견된 시몬은 의외로 더 원시적이고, 자연스럽고, 자신에게 더 정직하고 충실한 반면 타인의 눈을 덜 의식하는 자유로운 영혼의 소유자였다. 혹시 이것이 진짜 나였을까?

나(self)라는 실체의 진의를 밝히는 것은 쉽지 않다. 정신분석학의 창시자 지크문트 프로이트(Sigmund Freud, 1856~1939)는 인간의 내면을 3개의 층으로 나눈다. 바로, 이드(id)와 에고(ego)와 슈퍼에고(super-ego)이다.

영국의 정신분석가 안소니 스토어(Anthony Storr, 1920~2001)는 그의 책 《프로이트: 간단한 개요(Freud: A Very Short Intro-duction)》에서 이 3가지의 인간 심리 구조를 다음과 같이 설명한다.

이드(원초아)는 원초적이고, 정리되지 않았으며 감정적이고 비논리적이다. 어둡고 접근하기 어려운 인간 성격의 한 영역으로서 혼란과 본능으로 가득 차 있다.

반면 에고(자아)는 인간의 의식을 대표하는 심리구조이다. 2차적 과정(secondary-process)인 이성(reason)과 합리적 사고(common sense)를 사용한다. 그리고 외부 자극이나 내부의 교육적인 지시들에 대한 즉각적인 반응을 지연시킬 수 있는 힘을 가지고 있다.

슈퍼에고(초자아)는 부모의 금지(prohibitions)와 비난(criticism)으로부터 유래된 자아이다. 어린 시절 오랜 기간의 의존으로 인해 부모의 기준과 사회의 기준이 자신의 사이키(psyche, 마음과 영혼)와 결합하여 내면화된 것이다. 그 결과로 자아 이상(ego-ideal)에 미치지 못할 때마다 양심의 소리를 듣는다.

나의 진짜 모습은 어떤 것일까? 프로이트가 잘 정리해 놓은 3가지 인간 심리 층위 어디쯤 진짜 내가 있는 것일까? 진짜 나는 이 3개의 자아 중 어느 한 지점에 확실하고 깔끔하게 자리를 잡고 있는 것일까, 혹시 불규칙하고 자유롭게 표류하며 그 셋의 경계를 넘나들고 있는 것은 아닐까? 확실한 것은 익숙한 내가 나의 전부가 아닐 수 있다는 점이다.

내가 나를 꼭 붙들고 있는 한 숨어 있는 또 다른 나, 혹은 진짜 나를 발견하기가 불가능할 수 있다. 지금까지 고수해 오던 나를 과감하게 한번 내려놓아 보거나 객관화해 보면 전혀 다른 뜻밖의 나를 맞닥뜨릴 것이다. '익숙한 나다움'을 놓아주면 또 다른 '진짜 나다움'을 건져 올릴 수도 있다.

session 26

정직한 약점의
화려한 부활

성격 유형

　　　　　　　　이 이야기는 지금 생각해도 정말 엉뚱하고 기가 막혀서 코믹하기까지 하다. 언젠가 지하철 안에서 일어난 사건이다. 내 옆에 앉은 좀 범상치 않게 생긴 남자분이 갑자기 말을 걸어왔다. 그 사람 말에 의하면 나로부터 아주 특별한 느낌과 기운을 감지한다고 했다. 이야기의 골자는 지하철에서 내려서 잠시 함께 차를 마시자는 것이었다. 물론 뜬금없는 얘기이긴 했지만 그렇게 이상한 것은 아니었다. 길거리에서 우리에게 접근해 오는 흔히 마주치는 특정 종교 단체의 사람 같지도 않았다. 나는 정중히 거절했다.

　그러자 그 사람이 다시 말을 이어갔다. 자기와 내가 대화를 나누고 소통하면 서로에게 정말 좋을 것 같다는 이야기였다. 그는 나름 진지해 보였고 적어도 내 눈에는 단순히 작업(?)을 걸려고 하는 것과는 조금 달라 보였다.

그런데 문제는 그다음 순간이었다. 실은 알고 보니 내게 뜬금없이 말을 걸어온 그 사람이 문제가 아니고 내가 더 문제였다. 내 입에서 나오는 말을 듣고 있는 나 자신도 정말 깜짝 놀라고 기가 막혔다. 나는 조용히 그러나 단호하게 "저는 결혼할 생각이 없어요."라고 얘기했다. 그러자 그 또한 좀 놀란 표정으로 "결혼을 하자는 말이 아니고… 그냥 차 한잔 나누며 얘기하고 싶어서요."라고 했다.

아, 이 일을 어쩌면 좋은가? 오랫동안 인간 심리를 공부해 온 심리학도인 나도 나 자신이 정말 생소하고 난감하게 느껴지던 순간이었다. 지금 생각해도 깜짝 놀랐을 그 사람을 생각하면 웃어야 할지 울어야 할지 모르겠다. 그 사람이 가엽기까지 하니 어찌할까? 차 한잔하자는 말에 생면부지의 어느 여자 입에서 나온 해괴한 말을 그는 지금도 기억하고 있을까? 참고로, 그날 '나'는 그 사람과 함께 차를 마시지 않았다. 아니, 그날 '우리'는 차를 마시지 않았다고 하는 것이 더 정확할 것이다.

이 지면을 빌어서 그 당시 해괴한 말을 했던 나 자신을 조금이나마 변명 내지는 설명하자면 이렇다.

전 세계에서 가장 많이 사용되고 잘 알려진 성격 유형 테스트

중 하나인 MBTI(Myers-Briggs Type Indicator)를 독자분들도 많이 아실 것이다. 4개의 선호 지표를 축으로 해서 16가지의 성격 유형을 도출해 낸 성격 검사이다.

모든 사람을 16개의 부류로 나누어서 박스에 깔끔하게 넣는다는 것은 당연히 불가능하다. 또 그래서도 안 된다. 사람은 저마다 다르고 지구상의 80억 인구 중 같은 사람은 단 한 명도 없다. 그럼에도 불구하고 MBTI는 서로를 이해하고 더 나은 인간관계를 구축해 나가는 데 도움을 줄 수 있는 유용한 하나의 도구이다.

MBTI의 4개 축은 선호 지표이므로 둘 중 어느 쪽으로 더 기울어지느냐는 것이고 또 두 가지의 선호 지표 중간에 있는 사람들도 있을 수 있다. 4가지 선호 경향 지표는 간단히 다음과 같다.

첫 번째는 에너지의 방향으로서 I(Introvert) 내향인 vs E(Extravert) 외향인, 두 번째는 인식의 방식으로서 S(Sensing) 감각 vs N(iNtuitive) 직관, 세 번째는 판단 기능으로서 T(Thinking) 사고 vs F(Feeling) 감정 그리고 마지막 네 번째는 생활 양식을 나타내는 지표로서 J(Judging) 판단 vs P(Perception) 인식이다.

두 번째 지표인 인식 방향, 즉 S(감각)와 N(직관)에 관해 잠시 생각해 볼까 한다. 세계 인구의 75%는 감각(S)을 통해 사건이나 사실을 인식하는 반면 나머지 25%는 직관(N)을 통해 인식하는 것으로 알려져 있다. S에 속한 대부분의 사람은 오감과 실제 경험을 토대로 해서 사건과 사실을 인지한다. 그러나 N 성향의 직관적인 사람들은 사건과 사실 뒤에 숨어있는 의미나 관계, 가능성 등을 더 잘 인식하는 경향이 있다. 경험이나 오감으로 감지할 수 없는 사건의 이면에 숨겨진 의미나 예감 혹은 영감을 통해 인식하고 이해하므로 N의 인식은 과거보다 미래 지향적이다.

MBTI 성격 유형은 나이와 삶의 주기 등에 따라 변하기도 한다. 나의 MBTI 성격 지표도 그간 약간씩 변화해 왔다. 그런데 나의 인식 기능 지표는 대체로 그리고 일관적으로 강한 N으로 나타난다. 나는 사물이나 사건을 인식할 때 경험이나 오감을 사용하기보다는 직관과 예감을 통한 먼 미래의 가능성에 중점을 더 두는 경향이 있다.

자, 이쯤 되면 이 글을 읽고 있는 독자들의 머릿속에 지하철 사건에 대한 나름의 다양한 해석과 분석이 이미 컴퓨터처럼 계산되고 있을지도 모르겠다. 내가 미처 생각할 수 없었던 기발하고 똑똑한 결론들이 있을 수도 있겠지만, 곧 이어질 나의 설명이 N 성향이 강한 사람으로서 지금 내가 내놓을 수 있는 그 사건에 대한 최선의 해명임을 알아주기를 바란다.

지하철에서 차 한잔 마시며 이야기를 나누고 싶다는 남자는 그저 단순히 나와 마주 앉아 소통하기를 원했을 것이다. 처음에는 내가 그의 제안을 짧게 사양했지만, 그가 또다시 같은 질문을 반복적으로 던지고 있으니 N 기질이 강한 나로서는 엄청난 비약을 통해 더 정확하고 강한 거절의 표현으로 철통방어를 했던 것이다. 그런데 나는 그가 차를 마시자고 한 제안 뒤에 숨어 있는 의도를 너무 직관적으로 예감했다. 한참 먼 미래를 바라보고 앞서가고 넘겨짚은 것 같다. 그래서 지금 함께 차를 마시자는 그 사람의 단순한 제안에 뜬금없이 "저는 결혼할 생각이 없어요."라고 과하게 오버해서 답해 버린 것이다.

나의 강력한 N 성향이 현실에서, 약점이라면 약점으로 작용한 또 다른 일이 있었다.

미국에 계신 부모님이 한국으로 오시고 얼마 되지 않을 때의 일이다. 집 전화만 있었고 핸드폰은 아직 가지고 있지 않으실 때 부모님 댁에 여러 번 전화를 드렸는데 전화를 받지 않으셨다. 그러자 나의 직감과 상상력이 발을 달고 미친 듯이 뛰어다니기 시작했다.

'몇십 년 만에 한국에 오셔서 길을 잃어버리셨나? 도둑이 들어서 부모님들을 꽁꽁 묶어 놓았나? 아니면… 아, 두 분 다 먼 한국까지 오시느라 너무 피곤하고 지쳐서 혹시 쓰러지셨나? 아니면…' 나는 온갖 가능한 상상을 다 동원해서 한 편의 소설을 쓰고 있었다.

나는 그길로 운전해서 부모님 댁에 도착했다. 초인종을 여러 번 눌렀는데도 기척이 없으셨다. 그 야밤에 문을 크게 두드리며 소리 내어 엄마 아빠를 불렀다. 얼마간 그렇게 한바탕하고 났을 때야 두 분이 문을 열고 나오셨다. 전화벨 소리도 초인종 소리도 못 들으셨단다. 단잠에 빠져 계셨던 것 같았다. 부모님이 이 늦은 밤에 도대체 웬일이냐고 오히려 나보다 더 놀라시는 것이 아닌가.

이런 난리법석 또한 어쩌면 나의 강한 N 성향으로 인해 넘겨짚은 데서 나온 것일 수도 있다. 그냥 기다렸다가 다음 날 아침에 다시 전화를 드렸을 수도 있지 않았을까?

물론 N 유형이든 S 유형이든 상관없이 같은 상황에 놓인 대부분의 자식이 부모님께 뛰어갈 수도 있다. 그러나 N의 풍부한 상상력과 오버하는 경향은 자신은 물론이고 다른 사람들까지 피곤하게 할 가능성이 S 유형보다 더 있어 보인다.

그런데 강력한 N 성향은 어떨 때 약점이 아닌 강점으로 나타나기도 한다.

언젠가 중간시험에서 가장 높은 점수를 받은 학생이 수업을 빠지기 시작했다. 나는 그 학생을 볼 때마다 직관적으로 어딘지 모를 불안함과 부자연스러움을 감지했다. 걱정이 되어서 주의 깊게 눈여겨보고 있던 중이었다.

어느 날 나의 직감이 그 학생에게 연락하라는 신호를 보내왔다. 문자로 안부를 물으며 도움이 필요하면 언제든지 전화하라고 했더니 기다렸다는 듯이 곧바로 전화벨이 울렸.

"아. 교수님. 정말 감사합니다. … 제가 정서적으로 불안정해서 집 밖을 나가기가 힘이 들어서요. 사람들 만나는 것도 엄청 부담스럽고요….”

불안 증세와 우울증 그리고 스트레스로 도저히 학교를 갈 수 없다는 것이었다.

한 시간가량 전화 상담을 마치고 이메일을 열어 봤더니, 마침 그날 아침에 그 학생이 상담이 필요하니 도와 달라는 이메일을 나에게 보냈었다. 나는 그의 이메일을 확인하기 전에 이미 그의 마음을 읽은 것처럼 그에게 문자를 보내고 그와 전화로 상담하게 된 것이었다. 나의 강한 N 성향이 그 학생이 말하기도 전에 미리 그의 상태와 마음을 파악하고 선제 대응한 셈이다.

그 학생은 나와의 상담 이후로도 학교생활 하는 것이 쉽지는 않았지만 결국 A+를 받고 수업을 무사히 잘 마쳤다. 만약 내 안의 N 성향이 나를 다시 발동시킨다면 내 몸과 마음이 언젠가 또 그 학생에게 달려갈지도 모른다. 이처럼 N 성향의 약점에 중점을 두기보다 강점인 면을 살리고 더 발달시킨다면 가르치고 상담하고 사람들과 관계하는 모든 일에 도움이 될 것이다.

모든 사람은 약점과 강점을 둘 다 가지고 있다. 그런데 우리는 강점은 내버려둔 채 약점만 가지고 고심하는 경우가 많다. 약점에만 매달려 있느라 나의 좋은 면들이 약점의 늪에 파묻혀 버리는 안타까운 일도 일어난다.

약점 또한 나를 나답게 만드는 중요한 요소임에 틀림이 없다.

그런 의미에서 약점들을 배척하기보다 약점 속에 있는 강점을 찾아내서 보석으로 다듬어야 한다. 나의 부족한 면을 긍정적이고 새로운 시각으로 바라보고 신경 쓰라는 말이다. 그러면 의외로 나의 약점을 통해 한층 더 신선하고 한 단계 발전한 자신과 마주하게 될 수도 있다.

우리는 자주 모 아니면 도, 좋은 것 아니면 싫은 것, 선과 악 같은 흑백논리에 빠지곤 한다. 그러나 인생이 원래 그러하듯이 삶의 많은 것들이 무 자르듯 정확하지 않은 경우도 많이 있다. 우리가 강점이라고 생각했던 것들이 나중에 알고 봤더니 약점이고 우리가 약점이라고 생각했던 것들이 나중에 알고 봤더니 강점인 경우를 경험하며 살고 있지 않은가?

강력한 N 성향이 단순히 차 한잔 마시자는 지하철 안 남자의 제안에 "저는 결혼할 생각이 없어요."라는 뚱딴지같은 답변을 내놓아서 상대방을 깜짝 놀라게 하기도 한다. 반면 우리의 감각에만 의존하지 않고 미래의 큰 그림을 볼 수 있는 경향이 기특함을 발휘하여, 어려움을 겪고 있으나 잘 드러나지 않는 내향적 학생에게 적절한 도움을 주게 하는 유익한 면을 지니고 있기도 하다.

완벽하게 고정된 것은 이 세상에 단 하나도 없다. 우리는 모두 변하고 진화하고 성장한다. 진정한 나를 만나는 것은 결국 내 안에 숨어있는 무수한 가능성과 잠재력을 발견하는 것이다.

중요한 것은 편견을 버리고 모든 것에 열린 마음을 가지는 태도이다. 약점으로 여겼던 많은 것들을 열린 마음과 긍정적인 태도로 바라보면 그 안에 동면 상태로 숨어있던 강점들이 화려하게 소생하고 부활해서 나의 삶은 물론이고 타인의 삶까지 윤택하고 알차게 만들 것이다.

session 27

사각지대 직면하기

인지부조화

언젠가 막내 조카 소피아(Sophia, 가명)가 학교에서 친구들과 함께 찍은 사진을 보다가 깜짝 놀랐다고 했다. 그 이유는 사진 속에 있는 자기가 동양인이었는데 여태까지 그 사실을 잠시 잊고 있었다는 것이었다. 그래서 "맙소사. 내가 동양인이라는 사실을 잊고 있었네(Oh my gosh, I forgot I was Asian)!"라고 소리를 지를 수밖에 없었다고 했다.

자식이 미국에서 태어났다 할지라도 미국에 사는 한국계 부모들은 자식에게 뿌리의 중요성을 지속적으로 강조하는 편이다. 이것은 자식이 항상 한국인임을 기억하고 한국 문화와 언어

등을 잊지 않기를 바라는 마음에서이다.

　모든 면에서 거의 미국인에 가까운 소피아에게 동생 부부는 열심히 한국어를 가르치고 한국어로 대화한다. 언어와 문화는 떼려야 뗄 수 없는 관계이기 때문이다.

　한국말과 한국 음식 등 한국 문화와 사고를 지속적으로 접하고 있음에도 불구하고 소피아는 한국말이 약간 서툴다. 소피아가 할아버지를 보고 "할아버지 예쁘게 생기셨다."라고 해서 폭소를 자아낸 적이 있다. 그 당시 병원에서 퇴원하신 지 얼마 안 된 할아버지를 직접 만나고 보니 생각보다는 건강하고 좋아 보이신다는 의미였다.

　소피아는 정말 사진 속의 자신이 친구들과는 다른 동양인이라는 것을 깜빡 잊고 살았다. 그것이 그녀의 사각지대(blind spot)였던 것이다. 자신이 미처 깨닫지 못했던, 자기의 의식에 가려진 모습이었다. 자신이 동양인임을 전혀 몰랐다는 것은 아니다. 단지 그 사실을 인지해야 할 이유 혹은 필요성을 별로 느끼지 못하고 살았다고 하는 것이 더 정확할 것이다.

　자동차의 사각지대는 운전자에게 장애물 혹은 다른 자동차가 보이지 않게 되는 각도이다. 사각지대는 차의 양옆과 앞뒤 등 곳곳에 존재하며 교통사고의 원인이 되기도 한다. 운전할 때 사이드미러 등이 시야를 확보해 주지만, 운전자의 시야에 들어오지 않는 많은 부분이 있다. 다행히도 요즘 차들은 센서(sensor)가 여러 곳에 붙어 있어서 필요시 경고음을 낸다. 사이드미러에 주황색 그림으로 가까이에 차나 장애물이 있음을 친절하게 표시해 주기도 한다. 물론 이런 기능들을 옵션으로 선택할 때 추가로 비용을 지불해야 한다.

'인지부조화(cognitive dissonance)'라는 개념이 있다. 레온 페스팅거(Leon Festinger, 1919~1989)라는 미국 사회심리학자가 처음 만들어낸 개념으로, 인간 심리의 한 현상이다. 일찍 자는 것이 건강에 좋다는 것을 알면서도 밤늦게까지 TV를 보거나 인터넷에 빠져 있는 것처럼 자기가 믿고 있는 인지나 신념과 실제 행동 사이에 괴리가 있는 상태를 인지부조화라고 부른다.

이러한 불일치 상태는 우리를 불편하게 만든다. 그래서 우리는 인지부조화나 불일치 상태를 인지조화(cognitive consonance) 혹은 일치 상태로 만들려고 노력하게 된다.

부조화가 생기면 그 상태를 축소하려고 하는 것에서 그치지 않는다. 부조화를 생기게 하는 상황이나 정보 자체를 피하려는 시도를 하게 된다. 혹은 행동을 바꿈으로써 인지나 생각을 바꿀 수도 있다. 아니면 새로운 정보나 의견을 선택적으로 받아들여 생각을 변화시킬 수도 있다.

예를 들자면, 약속을 지키는 것이 중요하다는 것을 알면서도 약속을 어기는 경우에는 약속을 지킴으로써 생각과 행동을 일치하게 하면 된다. 그러면 불일치의 불편함이 사라진다.

다른 옵션은 생각과 행동의 불일치를 일치로 만들기 위해서 약속을 어겨도 별 탈이 없다는 정보나 의견을 받아들이는 것이다. 그러면 약속을 어기는 자신의 행동과 그것이 괜찮다는 생각이 일치되어서 더 이상 불편하게 느끼지 않는다.

인간은 불완전하다. 생각과 행동의 일치를 원함에도 불구하고 그것이 항상 쉽지만은 않다. 이러한 불일치의 불편함이 사각지대라는 형태로 나타날 수도 있지 않을까?

조카 소피아는 외모는 한국 사람임에도 한국어와 한국 문화에 서툴고 오히려 영어와 미국 문화에 더 익숙하다. 아마 그녀는 한국인이라는 정체성을 인식하고 있으면서도 미국인으로 행동하고 있는 부조화를 완화하고 싶었을 것이다. 그래서 소피아는 자기를 백인으로 인지하게 되었을지도 모른다. 그러면 한국말이 좀 서툴러도, 또 한국 문화를 완전히 몰라도 괜찮기 때문이다.

사람은 누구나 다 나름대로 사각지대를 가지고 있다. 이것에 예외는 없다. 유한한 존재인 인간의 한계와 불완전성과 정신적 불편함을 해소하기 위한 방편으로 피할 수 없는 것 중 하나가 사각지대이다. 나이, 성별, 인종, 외모, 국적, 학력, 재산, 사회적 위치 등과 무관하게 우리는 모두 사각지대를 가지고 있다.

문제는 그것이 대체로 나의 눈과 의식을 벗어나 있다는 것이다. 그래서 많은 경우에 나 아닌 타인이나 외부적 충격에 의해서만 인지가 가능하다. 소피아가 우연히 백인 친구들과 함께 찍은 사진을 통해서 자신이 동양인임을 인지하고 숨겨진 사각지대를 직면했듯이 말이다.

대학에서 심리학 학사 학위를 받고 대학원을 준비하고 있을 때였다. 모교 대학 근처인 캘리포니아 북가주(Northern California)에 계속 머물면서 정신 병원에서 정신과 보조원(psychiatric aide)으로 얼마간 일한 경험이 있다. 조현병, 양극성 장애, 우울장애 등 심각한 정신병 환자들이 그곳에 들어와 살면서 치료받는 병원이었다.

우리는 그곳을 'locked facility' 즉 '잠긴 시설'이라고 불렀다. 정신과 의사, 간호사, 영양 보호사, 청소부 할 것 없이 모두 쇠로 만든 열쇠를 갖고 다녔다. 정신병 환자들이 도망가지 못하게 하기 위한 것이었다. 지금처럼 자동화가 되기 전의 일이다.

나는 약 12~15명의 환자를 돌보고 있었다. 그날도 퇴근하기 전에 환자들 일지를 쓰고 있었는데 내 환자 중 한 명이 마치 할 말이 있는 듯 내 주위를 맴돌았다. 피터(Peter, 가명)는 30대 중반의 키도 크고 멋지게 생긴 백인 남성이었는데 가족 여러 명을 살해하고 정신병원에 들어온 케이스였다.

피터는 내게 가까이 다가와서는 마치 나의 비밀을 알고 있다는 듯이 씩 웃더니 속삭이듯이 얘기했다.

"시몬. 나는 당신이 어디서 왔는지 알아요."

나는 피터가 내가 한국에서 왔다는 것을 말하는 줄 알았다.

그러나, 피터는 "시몬. 당신 시계를 보세요."라고 하였다. 그 당시 내가 차고 있던 빨간색 시곗줄의 손목시계는 좀 특이했다. 은색 보석이 박힌 시계의 동그란 가장자리가 매초 째깍째깍 움직이며 돌아가는 그런 시계였다.

내가 물었다.

"내가 어디서 왔는데요?"

피터가 웃으며 답을 했다.

"나는 당신이 화성(Mars)에서 왔다는 것을 알아요."

나는 또 물었다.

"내가 화성에서 왔다는 것을 당신이 어떻게 알죠?"

그러자 피터는 한순간의 망설임도 없이 이렇게 얘기했다.

"시몬. 당신은 당신의 손목시계를 통해 화성에 있는 사람들에게 정보를 보내고 소통하고 있잖아요."

피터가 또 은밀하게 내게 물었다.

"당신은 도대체 무엇인가요?"

보통은 "당신은 누구인가요(Who are you?)?"라고 묻지 사람에게 "당신은 무엇인가요(What are you?)?"라고 잘 묻지 않는다. 나는 그에게 되물었다.

"내가 뭔데요?"

그때 피터가 나에게 아주 당당하게 그러나 비밀스럽게 내가 무엇인지를 알려줬다.

"시몬. 당신은 화성에서 온 식물이에요."

나는 그 순간 아주 짧은 시간 동안 잠시 생각했다. 그리고 혼란스러웠다. '나는 정말 화성에서 왔을까? 화성의 사람들과 손목시계를 통해 커뮤니케이션을 하고 있나? 나는 화성에서 온 식물인가?'라는 생각이 잠시 내 머리를 스쳤다.

피터는 혹시 예상 밖으로 나에 대해 내가 모르고 있는 사실들을 알고 있지 않을까? 내면 깊숙이 숨어있던 나의 사각지대를 말이다. 재미교포로서 나름대로 정체성의 혼란을 겪고 있었기에 그 순간 내가 화성인인지, 미국인인지 혹은 한국 사람인지 잠시 헷갈렸다(비약적이고 망상장애 환자처럼 보일지 모르지만 상상과 현실을 구분 못 할 정도는 아니니 독자분들이 걱정할 필요는 없을 것 같다.). 극단적인 예를 들었지만, 정신병 환자와 정상인은 어쩌면 종이 한 장 차이일 수도 있다는 사실을 몸소 실감한 날이었다.

나는 가끔 정체성의 혼란을 경험하기도 한다. 어떨 땐 그 어디에도 속하지 않은, 지구상에서 고아라는 느낌이 들 때도 있다. 어쩌면 이런 느낌은 재미교포인 나에게만 국한된 것은 아닐지 모른다. 모든 사람이 나름대로 그 어느 곳에도 속하지 않은 것 같은 생각이 들 때도 있을 것이다. 마치 혼자 외딴섬에 버려진 것 같은 느낌 말이다.

혹시 당신도 가끔 이런 생각을 하고 있지는 않은가? '내가 속한 곳은 어디인가?', '나는 왜 가끔 그 어느 곳에도 100% 속했다는 느낌이 들지 않을까?' 이런 자신의 정체성에 대한 모호함과 약간의 불편함은 언젠가 사각지대로 당신을 놀라게 할지도 모른다.

고대 그리스 철학자 소크라테스(기원전 470년~399년경)는 지금도 우리에게 화두를 던진다. '너 자신을 알라'고. 이는 자신을 맞닥뜨리는 것이 자기 이해의 출발점임을 시사한다. 자기 주제를 알고 겸손해지라는 경고이기도 하다. 이는 또한 우리가 생각보다 우리 자신을 잘 모르고 있다는 사실을 일깨움과 동시에 자아 발견의 중요성을 암시한다.

막내 조카 소피아가 백인 친구들과 찍은 사진 속에 있는 유일한 동양인인 자신을 보면서 그동안 잊고 살았던 자신의 정체성과 맞닥뜨린다. 한국말과 한국 문화에 서툰 자신의 한국인으로서의 정체성을 무의식적으로 누르고 싶었던 사각지대와 마주한 것이다. 그러면서 소피아는 자신을 구성하는 중요한 한 부분인 한국인이라는 뿌리와 정체성을 되새길 수 있었다.

사각지대와의 만남은 나를 더 나답게 하고 건강하고 균형 잡힌 사람으로 살게 할 것이다. 사각지대 또한 매우 중요한 나의 일부분이기 때문이다. 우리의 가시권에 있는 익숙한 정체성을 내려놓고 힘을 뺄 때 꼭꼭 숨은 나의 사각지대를 발견하고 나의 진짜 정체성을 찾게 될 것이다.

session 28

순진한 웃음 살려내기
프로젝트

자기보존

언제부턴가 혼자 웃는 버릇이 생겼다. 혼합 견과를 먹다가 땅콩 한 알이 바닥에 떨어졌는데 찾을 수가 없어서 포기하고 있었다. 그런데 그날 저녁에 책상 밑 한구석에서 우연히 낮에 없어진 땅콩을 발견했다. 그때 나는 아주 반갑게, "얘. 너 어디에 그렇게 꼭꼭 숨어 있었니? 내가 너를 얼마나 찾았는 줄 아니?" 하면서 다시 찾은 땅콩에 아주 반갑게 말을 건넸다.

그러고는 땅콩을 집어 들면서 혼자 소리 내어 웃었다. 마치 오래전에 헤어진 친구를 다시 만난 것처럼 흐뭇하고 행복했다. 이렇게 나의 순진한 웃음, 즉 다른 사람이나 그 어떤 외부적인 이

해관계와 무관하게 형성된 웃음을 나의 삶 가운데 소환하고 일상으로 더 자주 끌어들이고 싶다는 생각을 하곤 한다.

항상 수업에 일찍 와서 맨 앞에 앉는 수줍음 많고 학업에 열심인 여학생 한 명이 있었다. 나도 슬라이드와 동영상 강의 자료를 컴퓨터에 미리 올려 놓느라 수업 시작하기 20~30분 전에 강의실에 도착한다. 그래서 그 학생과 자주 대화를 나눴다. 그런데 어느 날 강의를 한창 하고 있는데 코 고는 소리가 조용한 강의실에 진동하기 시작했다. 맨 앞줄에 앉은 바로 그 여학생이었다.

그 학생을 보는 순간 나도 모르게 갑자기 빵 터졌는데 얼른 뒤로 돌아서서 학생들이 눈치 못 채도록 웃음을 수습하느라 혼이 났다. 얼마나 피곤했으면 그렇게 코를 고는 것도 모른 채 정신없이 자고 있을까 생각하면서 그 학생이 안쓰럽기까지 했다. 수업은 계속 진행해야 하는데 깨우면 무안해할 것 같아서 난처해하고 있었다.

그런데 마침 그 학생이 눈치를 챘는지 부스스 일어나면서 사태는 종결되었다. 그런데 문제는 내 웃음이 그치지 않아서 난감했다는 사실이다. 꼭꼭 숨어있던 나의 순진한 웃음에 발동이 걸렸고 그것을 끄느라 고생을 좀 했다.

몇 년 전에 아버지께서 심장 수술을 받으시고 병원에 몇 달간 입원하신 적이 있다. 그때 어머니와 나, 그리고 미국에 사는 여동생이 와서 우리 셋이 번갈아 가며 아버지를 간호했었다. 감사하게도 그때가 마침 여름방학이었다.

그날은 내가 아버지를 간호하는 날이었다. 식사 후에 항상 아버지께서 동그란 공 같은 것들이 들어있는 투명한 플라스틱 기구를 입에 대고 힘차게 부는 운동을 하셨다. 나는 잠시 자리를 비웠다가 돌아와서 아버지께 여쭈었다.

"아빠. 부는 운동 다 하셨어요?"

그랬더니, 아버지께서 대답하시기 전에 아버지 바로 옆 침대에 계신 아저씨가, 아마도 자기에게 묻는 것으로 착각하시고, "네. 다 했어요."라고 얌전한 학생처럼 대답하는 것이 아닌가. 서로 커튼을 치고 있어서 얼굴은 볼 수 없었지만 얼마나 우스웠는지 모른다. 아버지와 나는 코와 입에서 끝도 없이 삐져나오는 웃음을 참느라 애를 먹었다.

연로하신 아버지는 여러 개의 줄을 온몸에 주렁주렁 달고 계실 만큼 큰 수술을 받으셨고 당시 매우 위중하신 상태였다. 그런데 나중에 의사 선생님들도 놀랄 만큼 빠른 속도로 회복하셨다. 돌이켜 생각해 보아도 그때 딸과 나눈 그 짧은 몇십 초의 킥킥거림이 회복에 큰 도움이 되었다는 사실을 나는 지금도 믿어 의심치 않는다.

참고로 당시에 옆 침대에 계셨던 분은 보호자 없이 혼자 치료받던 분이었다. 아버지께 여쭌 것이었다고 얘기해 드릴 수도 없고, 그냥 가만히 있을 수밖에 없었다. 그분은 아마도 간호사가 자기에게 물어봤다고 착각하셨던 것 같다. "아. 그러셨군요."라고 짧게나마 답을 해 드렸으면 좋았을 뻔했다.

홀로코스트 생존자이며 오스트리아의 신경학자이자 심리학자인 빅터 프랭클(Viktor Frankl, 1905~1997)이 쓴 《죽음의 수용소에서(Man's Search For Meaning)》라는 책이 있다. 프랭클은 이 책의 첫 번째 파트에서 자신의 나치 수용소에서의 경험을 얘기하고, 두 번째 파트에서 그가 발전시킨 의미치료(logotherapy)의 개념을 소개한다.

이 책에서 그는, 나치 수용소에서 유머는 매우 미미하고 몇 초나 몇 분도 지속되지 않지만 자기보존을 위한 하나의 무기였다고 증언한다. 프랭클은 유머 감각을 키우고 모든 사물을 유머러스하게 보려는 시도가 극한 상황에서 살아남기 위해 터득한 하나의 비결이라고 말한다.

이처럼 유머 감각은 우리 삶에 없어서는 안 될 꼭 필요하고 소중한 자원이자 선물과도 같다. 심지어 최악의 환경인 나치 수용소 안에서도 그 가치를 발휘할 만큼, 유머 감각은 강력하고 긍정적인 힘으로 인간의 정신세계에 영향을 미친다.

아기들은 태어나서 얼마 동안은 잘 웃는다. 그래서 우리는 아기를 표현할 때 자주 '방긋방긋 웃는 아기'라고 한다. 그런데 아기가 자라나고 정체성이 형성되기 시작하고 또 타인들과 관계를 맺어 나가면서 그 천진한 웃음은 점점 사라진다.

성인이 되면 웃음은 이제 더 이상 단순히 우스울 때 웃는 것이 아닐 수 있다. 웃음은 자연스러운 감정 표현의 한 방식을 넘어서서 나도 모르는 사이에 사회화되고 정형화된다.

사람은 태어나서 교육받고 성장하면서, 사회와 환경에 적응하고 문화의 영향을 받는 과정 속에서 당연히 웃음을 자제할 수밖에 없다. 또 그것이 자연스러운 인간의 성장 과정으로 받아들여진다. 그러나 그러한 과정에서 삶의 활력소이자 긍정적인 요소로 작용하는 웃음을 경시하고 과도하게 억제하고 있지는 않은지 한번 점검해 볼 필요가 있다.

웃는 것도 때와 장소를 가려야 한다. 우스워도 웃음을 참아야 할 때도 있고 웃기 싫은데 웃어야 할 경우도 생긴다. 이것은 사회화 과정의 하나일 수 있지만, 인간의 가장 원초적인 감정 표현의 한 방식인 웃음이 외부나 타인에 의해 통제받다 보면 어쩌면 나라는 한 인간의 정체성에도 영향이 미칠 수 있다는 생각을 해 본다.

웃으면 뇌에서 엔도르핀이 나와 우리를 즐겁게 하고 통증도 완화해 준다는 것은 대부분 아는 사실이다. 웃음이 몸과 마음에 좋은 영향을 미친다는 것에 기초해서 웃음 치료도 인기를 얻고 있다. 일부러라도 소리를 내어 가능한 한 많이 웃으라는 것이다. 그러나 현실에는 우리의 웃음에 제동을 거는 많은 요소가 존재한다. 문화와 지역에 따라 차이는 있겠지만 한국 사회도 예외는 아니다.

한 예로 한국에서는 여자가 소리를 내어 크게 웃는 것을 좋지 않게 보는 경향도 있다. 웃는 모습을 보이면 안 되는 것처럼 여자들은 웃을 때 종종 입을 가리고 웃는다. 마치 크게 웃는 것이 여성상에 흠집을 내기라도 하듯이 말이다. 또 사회적으로 높은 지위에 있는 사람은 가능한 한 웃는 것을 자제한다. 그들에게 지워진 책임감과 무게감 있는 이미지에 행여 타격이 갈까 봐 그럴 것이다.

과학은 빛의 속도로 발전하고 있으며, 우리는 머지않아 공중을 나는 택시(UAM, Urban Air Mobility)로 출퇴근하는 시대를 맞이할 것이다. 그럼에도 우리는 아직 강한 체면 문화의 영향권에서 완전히 벗어나지 못하고 있다. 사회적 위계질서와 조화를 강조하는 유교적인 사상은 체면 문화를 부추긴다. 많이 변화하고는 있지만, 한국 사람들은 대체로 자신이 속한 집단의 사회적 이미지와 체면을 유지하기 위해서 많은 노력을 기울이는 편이다.

한국은 오천 년의 오랜 역사를 자랑하면서 단일민족의 자부심을 갖고 있는 독특한 나라이다. '백의민족'이라는 별칭에 걸맞게 똑같이 흰옷을 입고 집단주의와 공동체 의식으로 똘똘 뭉쳐 '우리'라는 울타리 안에서 함께 살아왔다. 이를 바탕으로 한국은 세계에서 전무후무하게 가장 빨리 가난을 탈출하고 한강의 기적을 보여주며 괄목할 만한 경제 성장을 이룬 나라이다.

이러한 자부심과 자존감은 개인의 것이 아닌 공동의 것이 되어버렸다. 나의 체면을 살리는 것을 내가 속한 그리고 나의 존재감을 확인해 주는 집단주의 사회의 체면을 강화하는 것과 동일시한다. 그것은 이제 더 이상 나 개인의 웃음과 유머 감각에 충실할 수 있는 여유나 자유가 없다는 것을 의미하기도 한다. 이것이 어쩌면 한국 사람들이 마음껏 웃지 못하고 유머 감각을 잃어버리는 요인 중 하나일 수도 있다.

한 개인과 그 개인이 속한 집단의 체면을 완전히 분리해서 생각하는 나라와 문화는 이 세상에서 거의 찾기 힘들 것이다. 오랜 세월을 외부 침략에 맞서 가며 '우리끼리' 뭉쳐 생존해야 했던 한국의 경우는 개인과 집단의 체면을 분리해서 생각하기가 더더욱 힘든 것이 사실이다. 그렇다면 우리는 어떻게 나의 유머 감각을 유지하면서 내가 속한 집단의 명예와 체면에 손상이 덜 가게 할 수 있을까?

지금 우리는 인터넷 등을 통해 실질적이고 물리적인 공간을 넘어서고 국경의 경계가 모호한 시대를 살고 있다. 그런 면에서 이제 나와 내가 속한 집단 사이의 응집력이 내가 생각하는 것보다 덜 강할 수 있다는 사실을 인식해야 한다. 우리는 이제 타인을 의식하는 습관을 조금은 내려놓아도 되지 않을까 싶다. 나의 순진한 웃음을 내 가족과 사회의 체면 때문에 더 이상 희생하지 않아도 혹은 덜 희생해도 된다는 것이다.

미국의 사회심리학자 고든 올포트(Gordon Allport, 1897~1967)는 그의 책 《개인과 그의 종교(The Individual and his Religion)》에서 웃음의 중요성을 이렇게 서술한다.

"자신을 향해 웃을 줄 아는 신경증 환자는 자기 관리를 향해 나아가는 중이며, 아마 치유에도 이를 수 있을 것이다."(Gordon Allport, 1956)

웃음은 정신 질환을 가진 사람들뿐만이 아닌 모든 사람의 영혼을 치유하는 마법을 가지고 있음이 틀림없다. 우리의 출발은 웃음으로 가득 차 있었다. 우리는 어머니의 편안한 자궁에서 나온 지 얼마 되지 않은 아기로 다시 돌아가야 한다.

웃음 살려내기를 통해 가공하지 않은 진짜 나를 다시 찾는 여행을 떠나 보는 것은 어떨까? 지친 나의 영혼을 달래 줄 내 과거의 웃음 보따리를 지금 여기 공수해 와야 한다. 의미치료의 창시자 빅터 프랭클이 주장했듯이 삶의 가장 어두운 순간에 우리의 유머 감각은 그 어느 때보다 아름답게 빛을 발할 것이기 때문이다. 그렇다. 우리는 잃어버린 나의 순진한 웃음을 다시 살려내야 한다.

session 29

나 없는 세상
vs 세상에 없는 나

자기 객관화

　　　　　　　아침에 스트레칭 운동을 하면서 시청하는 TV 프로그램에 나오는 기상 캐스터가 최근에 교체되어서 서운했다. 침착하고 안정감 있으면서도 정감 있게 진행을 잘 해 주었기 때문이었다. 새로운 기상 캐스터는 나이가 좀 더 어려 보이고 참신하다는 느낌을 주었다.

　그리고 일주일도 채 지나기 전에 새 기상 캐스터에게 길들어 가는 나 자신을 발견하고 말았다. 아쉬움을 주고 떠난 기상 캐스터를 생각하거나 그리워하기는커녕 마치 새 기상 캐스터가 그 자리에 오랫동안 있었던 것처럼 익숙하게 이미 정이 들어 가고 있었던 것이다.

이전 기상 캐스터의 프로페셔널리즘이나 그녀만의 매력 혹은 정겨움이 없어졌거나 줄어든 것은 전혀 아니었다. 단지 그녀의 부재로 인해 그녀가 나에게 가져다주었던 좋은 것들과 즐거움이 더 이상 나의 삶에 영향력을 크게 미치지 못하고 있을 뿐이었다. 그렇게 그녀는 내 기억 속에서 잊혀 가고 있었다. 그렇다. 그녀 없이도 세상은 잘만 돌아간다.

한국과 미국을 오갈 때 비행기 안에서 기류 변화로 기체가 많이 흔들릴 때마다 드는 생각이 있다. '혹시 내가 탄 비행기가 태평양 바다에 떨어진다면 과연 내 장례식에 누가 올 것이며 가족 외에 눈물을 흘리며 진심으로 슬퍼해 줄 사람이 있을까?' 이것은 난기류를 만난 비행기 안이 아닐지라도 살면서 누구나 한 번쯤 생각해 볼 질문일 것이다.

그런데 시간이 가면서 나의 부재를 진심으로 아쉬워할 사람들에 대한 궁금증은 점점 사라졌고 나 하나 없이도 세상은 여전히 잘 돌아갈 것이라는 확신이 생겼다.

나의 부재가 세상과, 다른 사람들의 일상에 큰 영향을 미치지 않을 거라는 사실이 내 존재의 중요성과 삶의 의미를 덜거나 희석하는 것은 결코 아니다. 삶의 의미는 결국 나 자신이 찾아야 하기 때문이다. 내가 아닌 외부적 요소들이 내 삶에 의미를 부여하는 데 걸림돌이 되어서도 안 되고 훼방을 놓을 수도 없다. 뒤집어 얘기하자면 사람들의 삶과 그것의 값어치를 그 누구도 곁으로만 보고 가볍게 논하거나 결정지으면 안 된다는 의미이다.

'나 없이도 세상은 잘 돌아간다'는 우리가 세상과 사람들에게 너무 많은 것을 기대할 필요는 없다는 시그널을 준다. 세상이 나에 대해 그러하듯이 나도 세상을 너무 심각하게 받아들이지 않아도 된다는 자유로움을 준다.

이것은 삶을 부정적이고 비관적으로 대한다는 것과는 전혀 다르다. 삶에 일어나는 일과 주위 사람들을 바라보는 우리의 시각과 태도가 어느 정도 편안하고 부드러운 유연성을 가질 필요성이 있음을 일깨워 준다. 나 없이도 세상은 잘만 돌아가고 있으니 나는 세상 일에 크게 개의치 말고 내 삶의 의미를 찾으면 된다.

미국 뉴저지주에 있는 어느 대학병원에서 CPE(Clinical Pastoral Education, 영적 돌봄 프로그램) 인턴으로 근무하던 어느 날이었다. 전날 밤 고속도로 갓길에서 고장 난 차를 고치고 있던 젊은 멕시코계 부부가 뒤에서 달려오던 차에 치여서 병원에 실려왔다. 다행히 남편은 약간의 골절상을 입고 깁스를 한 채 휠체어를 타고 있었다.

문제는 아내였는데 밤새 의료진들이 여러 번 수술을 감행했지만 결국 사망하고 말았다. 그날 아침에 내가 근무하게 되었고, 아내의 사망 소식을 남편에게 전하고 사망한 아내가 누워있는 병실로 남편과 동행하는 것이 그날 나의 첫 임무였다.

20대 초반으로 보이는 앳된 남편을 에스코트해서 아내의 병실로 가는 동안 줄곧 언제 아내의 사망 소식을 전할 것인가를 고민하고 있었다. 드디어 병실 문 앞에 도착했고 나는 조심스럽게 입을 열었다. 의료진들이 밤새 최선을 다해 수술했음에도 불구하고 안타깝게도 부인이 사망하셨다는 슬픈 소식을 전했다. 그리고 함께 병실 안으로 들어갔다.

남편은 하얀 시트에 덮여 침대 위에 누워있는 아내 곁으로 휠체어를 밀었고 침대 밖으로 나와 있던 아내의 손을 잡고는 흐느껴 울었다. 그러고는 이내에게 많이 춥겠다고 얘기하면서 그녀의 손을 시트 안으로 밀어 넣어주고는 아내를 덮고 있던 시트 이곳저곳을 잘 정리해 주었다.

나는 문밖에 서 있을 테니 필요하면 언제든지 불러 달라는 말을 남기고 조용히 자리를 떴다. 부부 둘만의 마지막 시간을 가지게 하기 위해서였다. 그 순간은 그 부부에게 거룩한 순간이었고, 그 공간은 그들에게 거룩한 공간이었다.

그날 오후에 우연히 병원 중앙 1층에 있는 운동장만큼 넓은 큰 홀 같은 장소에서 휠체어를 탄 남편을 다시 만났다. 천진난만하게 뛰어노는, 아들로 보이는 서너 살의 남자아이와 이야기를 주고받고 있었는데 그는 얼굴에 웃음을 머금고 있었다. 오전에 사망한 아내 곁에서 오열하던 남편과는 전혀 다른 사람으로 보였다.

어쩌면 아내의 장례 절차와 육아 등 당장 해결해야 할 여러 가지 현실적인 문제들로 아내의 부재를 슬퍼하고만 있을 수 없었을 것이다. 그렇다. 쇼는 계속되어야 한다. 그가 사랑하는 아내가 더 이상 이 세상에 없어도 세상은 잘 돌아가고 있었다.

어떤 유명인이 죽는다고 해도 그들의 죽음으로 인해 사람들의 눈에 맺힌 슬픔의 눈물이 채 마르기도 전에 그들의 빈자리는 또 다른 인물로 채워질 것이다. 제아무리 정치, 경제, 사회, 문화 등 각 영역에서 중요한 역할을 하던 사람이라 할지라도 그 사람의 자리는 훗날 그 사람보다 더 획기적이고 참신한 인물로 대체될 수도 있다. 그렇게 세상은 또 잘만 돌아가기 마련이다.

오스트리아의 신경학자이자 심리학자인 빅터 프랭클(Viktor Frankl, 1905~1997)의 의미치료(logotherapy)는 정신건강에 있어 타인이 아닌 나 스스로가 내 삶의 의미를 찾는 것의 중요성에 초점을 둔다. 이런 관점에서 보자면 나 없이도 세상이 잘 돌아가고 또 세상이 내 존재의 의미를 기억해 줘야 할 의무가 없음을 인지하고 받아들일 수 있다. 세상과 무관하게 내가 내 삶의 의미를 찾고 삶에 의미를 부여한다면 그것만으로 삶의 가치는 충분하기 때문이다.

그 누구도 나의 존재의 의미와 그것의 중요성을 가르쳐 주거나 대신 발견해 줄 수 없다. 심리 상담가 등의 정신 건강 전문가나 종교 지도자들이 삶의 의미 찾기를 도와주고 지원해 줄 수는 있지만 그 과정을 대신 겪어 주는 것은 불가능하다. 그 과정은 고스란히 당사자의 몫이다.

나 없이도 잘만 돌아가는 세상에서 삶의 의미를 추구하고 발견한다는 것은 어쩌면 외롭고 추운 혼자만의 긴긴 여정이 될 수도 있다. 이렇게 고독하고 쉽지 않은 과정 속에서 내 삶의 의미를 찾는 효과적인 방법 중 하나는 자기 객관화이다. 즉 나의 존재 여부와 관계없이 잘 돌아가는 세상에서 우선 나 자신을 잠시 내려놓는 것이다. 내가 나를 잠시 떠나 있어야, 그래서 나 자신을 가볍게 만들어야 비로소 나의 실체를 제삼자의 눈으로 바라보고 진정한 나의 의미를 재발견할 수 있기 때문이다.

나는 내가 아닐 수 없기에 나 자신을 내려놓는다는 것은 현실적으로 매우 어려운 과제이다. 그럼에도 불구하고 나의 고정된 생각이나 편견, 내가 선호하는 것들, 그리고 나의 성향과 경향을 파악하고 그것들로부터 나 자신을 조금 떼어 놓는 시도를 해야 한다. 이러한 과정을 통해 기존의 나로부터 자신을 어느 정도 분리하고 거리를 두는 것이 가능해질 수 있다.

나를 내려놓는다는 것은 결국 내가 붙잡고 있는 집착을 놓아주는 것과 일맥상통한다. 그 집착 안에는 나 자신도 포함되어 있다. 내가 나를 단호하게 의도적으로 잠시 내버리는 행위이며, 자신을 미워하거나 학대하라는 의미와는 전혀 다르다.

예를 들자면, 나의 죽음을 진지하고 리얼하게 그려보는 것도 나 자신을 혹은 나에 대한 집착을 내려놓는 한 가지 방법이다. 지금 내가 사로잡혀 있는 나와 나의 의미는 이 땅에서 살아 숨 쉬고 존재할 때만 중요하고 유효한 것일 수 있다. 즉, 유통기한이 정해져 있는, 이 지구상의 유한성 안에서의 내 존재의 덧없음을 의미한다.

물리적이고 현실적인 나의 의미는 시간과 함께 점점 퇴색해 갈 것임에 틀림없다. 제한적이고 만기 날짜가 정해진 이 땅에서의 내 존재 가치와 그것에 매겨진 의미와 집착 또한 영원하지 않음을 되새기면 나를 조금은 가볍게 대하는 것이 가능해진다.

아이러니하게도 그렇게 가벼워진 나와 집착에서 벗어난 자유로움이 '나의 존재의 의미가 더 소중하고 애틋하고 귀하게 나에게 다가오는' 따스한 경험을 안겨 줄 것이다.

이와 같이 제삼자화 혹은 객관화된 나의 존재를 마치 타인의 눈으로 바라보듯이 관찰하고 난 후에야 다시 나 자신으로 회귀할 수 있다. 그렇게 나를 한 번 떠났다가 되돌아온 나는 떠나기 전과는 전혀 다른 신선한 눈으로 자신을 바라보고 이해한다. 그 상태에서 나는 이제 한 단계 업그레이드된 스케일과 새로운 관점을 가지고 내 삶의 의미를 찾고 발견하고 알아가게 될 것이다.

가정과 일터, 학교 같은 사회에서 당신은 어떤 존재이며 얼마나 중요한 위치를 차지하고 있다고 생각하는가? 만약 당신이 없어진다면 사랑하는 가족과 친구와 동료들은 과연 어떻게 반응하고 또 당신의 부재가 현실적으로 어느 만큼 그들의 삶에 영향을 미칠 것이라고 믿는가?

그렇다. 소중하고 귀한 아침 일기예보 정보를 전달해 주며 도움을 주었던 기상 캐스터가 새로운 사람으로 교체되어도, 사랑하는 아내가 하루아침에 불의의 교통사고로 가족을 떠나도 세상은 변함없이 잘 돌아간다.

나 없이도 세상은 잘만 돌아간다는 사실은 우리에게 나의 삶의 의미를 더욱 소중하고 귀하게 다루어야 함을 일깨워 준다. 세상이 내 중심으로만 돌아가지 않는다는 사실은 우리 마음을 비우게 하고 (심적) 가벼움을 경험하게 해 줄 것이다.

session 30

물 흐르듯이
흘러가는 것의 품격

변화하고 흐르는 진짜 나

몇 년 전 우리 대학 교원 퇴임식에서 있었던 일이다. 우리 학과 교수님 한 분도 그날 퇴임식에서 정년퇴임을 하셨다. 나는 그날 퇴임식 행사장을 향해 운전하다가 꽃집에 들러서 꽃다발 한 묶음과 예쁜 카드 한 장을 준비했다. 미리 계획을 세웠던 것은 아니었다. 우연히 꽃집을 지나가면서 갑자기 그날 퇴임하시는 우리 학과 교수님의 사모님께 꽃다발을 드리고 싶은 생각이 들어서였다. 그 사모님은 참 좋으신 분이었다. 남편이 퇴임하기까지 여러 가지 면에서 특별히 헌신적인 내조를 많이 하셨던 분이다.

퇴임식이 시작되었고, 나는 퇴임하시는 우리 학과 교수님의 약력을 읽는 순서를 맡았기 때문에 행사장 맨 앞쪽에 앉아 있었다. 그런데 누군가가 내 뒤로 급히 달려와서 어깨를 두드렸다. 그날 행사를 주관했던 부서의 부처장 교수님이었다.

부처장 교수님은 내 발 앞에 놔둔 꽃다발을 가리키면서 "교수님. 저 꽃다발 누구에게 드리실 건가요?"라고 물었다. "○○○ 교수님의 사모님 드리려고요." 했더니, "혹시 그 꽃다발 제게 주실 수 있나요? 오늘 퇴임식 참석 교수님 명단에 없는 퇴임 교수님 한 분이 더 오셨는데, 이 꽃다발을 그 교수님께 드려도 될까요?"라는 것이었다.

나는 "네. 그렇게 하세요!"라고 하면서 꽃다발에 꽂아 두었던 카드만 빼고 흔쾌히 꽃다발을 넘겨드렸다. 시간이 너무 촉박해서 명단에 없었던 교수님의 꽃다발을 새로 주문할 수 없는 상황이었다. 그런데 마침 내가 꽃다발 하나를 가지고 있어서 내 꽃다발을 꽃다발 증정 시간에 그 교수님께 드릴 수 있게 된 것이다. 그렇게 할 수 있어서 나는 기뻤고 그 부처장 교수님도 위기(?)를 넘기게 되었다.

참고로 나는 나중에 사모님께 내가 당신을 위해서 준비한 꽃다발이 어떻게 그날 퇴임 교수님 한 분께 전달되었는지를 설명해 드리고 꽃다발에 꽂혀 있던 카드를 전달해 드렸다.

내가 정성 들여 준비한 꽃다발이 한 번도 만난 적 없는 어느 퇴임 교수님의 가슴에 안길 거라고는 상상도 못 했었다. 이미 만들어 놓은 꽃다발을 구입하는 대신에 나름 정성을 들여서 꽃집 사장님과 함께 직접 꽃을 선택하고 디자인해서 준비한 꽃다발이었다. 그러나 그것이 무슨 대수인가? 아름다운 꽃다발이 진짜 주인을 만났으니 그것으로 충분했다.

  모든 것이 내가 계획하고 의도한 대로 흘러가지만은 않을 수도 있는 것이 우리 인생 아니겠는가? 자연스럽게 삶이 이끄는 대로 나를 맡기는 것도 삶의 하나의 지혜임을 깨닫는 순간이었다. 그날 나는 알았다. 삶을 살면서 그냥 물 흐르듯이 흘러가는 것도 좋다는 것을.

  미국 심리학자 칼 로저스(Carl Rogers, 1902~1987)의 주요 심리치료 개념 중 하나는 내재해 있는 진짜 자아(true self)를 발견하는 것이다. 로저스는 그의 저서 《진정한 사람 되기(On Becoming a Person)》에서 고정된 것이 하나도 없이 변화하고 흘러가는 과정이 삶의 최상의 상태라고 정의한다. 그는 나의 삶의 최고 권위자인 나 자신의 경험이 진짜 나를 만든다고 주장한다. 나의 경험에 대한 변화하는 이해와 해석이 내 삶을 인도한다고 믿고 있는 것이다.

  로저스에 의하면, 우리 삶의 경험은 진정한 자아의 형성에 매우 중요하다. 그런데 경험에 대한 나의 이해와 해석도 주어진 시간과 상황에 따라 변하고 흘러간다는 것이다. 이 모든 변화와 흐름이 나를 진정한 나로 만들어 가고 있음을 강조한다.

끊임없이 변하고 흐르고 있는 진짜 내가 그날 퇴임식에서 또 그렇게 자연스럽게 흘러가고 있었다. 내가 원래 의도한 바와는 상관없이 우리 학과 교수님의 사모님을 위해서 준비한 꽃다발이 전혀 알지 못하는 어느 교수님 가슴에 안기면서 새로운 주인을 만났다. 그렇게 내 꽃다발도 다른 방향으로 흘러갔고 또 그 꽃다발을 넘겨주는 순간 나 자신도 다르게 흐르고 있었다.

내가 준비한 꽃다발의 새 주인이 된 그 퇴임 교수님은 어떻게 해서 그 꽃다발이 자기 것으로 둔갑(?)했는지 과연 알고 계실까? 그 교수님도 어쩌면 원래 계획과는 다르게 물 흐르듯이 그날 퇴임식에 참석이 가능해졌을 수도 있다. 그렇게 해서 그곳에 오셨고 내가 준비한 꽃다발을 또 물 흐르듯이 자연스럽게 가슴에 품고 여러 사람들의 축하를 받았던 것이다.

MBTI 성격 유형 테스트의 4가지 유형 지표 중 마지막 지표로, 생활 양식을 나타내는 J(Judging) '판단'과 P(Perception) '인식'이 있다. J(판단) 유형은 사전에 미리 계획을 세우고 준비하고 고정적이고 마감 시간이 중요하다. 반면 P(인식) 유형은 미결정적이고 융통성이 있고 기다렸다가 마지막 순간에 일하며 마감 시간이 중요하지 않다. 굳이 J와 P 사이에 한쪽을 선택한다면 나는 확실히 J 쪽에 더 가깝다.

나이를 먹으면서 조금씩 유연함이 더 생기고 마감 시간에 덜 목매려고 노력하고 좀 더 융통성이 있는 P 방향으로 옮겨가는 중이다. J는 물 흐르듯이 흘러가는 것을 별로 좋아하지 않는다. 내가 그렇다.

내가 준비한 꽃다발은 같은 학과 퇴임 교수님 사모님을 위한 것이었다. 꽃집 주인과 함께 예쁘게 디자인도 했었다. 그런 나의 꽃다발을 다른 사람을 위해서 또 다른 용도로 사용되도록 넘겨드렸다. 그때 나는 이미 흐르는 물에 내가 준비한 꽃다발과 나 자신을 흘러가게 놓아준 것이었다. 상상 외로 흐르는 물에 나를 맡기는 것은 즐겁고 행복하고 뿌듯한 경험이었다.

오래전에 일본에서 한국으로 가는 비행기가 나 한 사람 때문에 한 시간가량 지연된 적이 있다. 한국에서 있었던 중요한 미팅에 참석하기 위해서 미국에서 한국으로 가던 중이었다. 뉴욕에 있는 JFK 국제공항에서 비행기를 타고 일본을 경유해서 한국으로 가는 비행기 티켓이었다.

미국행 비행기가 예상했던 시간보다 일본 공항에 늦게 도착하는 바람에 내가 타야 하는 한국행 일본 비행기를 탑승할 시간이 너무 촉박했다. 나는 우여곡절 끝에 내가 탑승하기로 되어 있는 비행기 승강장에 드디어 도착했다. 그런데 비행기의 탑승구 문은 이미 닫혔고 이륙을 준비하고 있었다. 공항 관계자들은 무척이나 친절했다. 난감한 표정과 음성으로 지금 비행기를 타는 것은 불가능하다는 것이었다.

뛰어오느라 숨이 멎을 것같이 헐떡이는 나에게 그들은 조심스럽게 그러나 단호하게 결론을 내려 주었다. 안타깝지만 이미 늦었고 오늘은 이제 한국행 비행기가 더 이상 없으니 공항 근처 호텔에서 자고 내일 아침 비행기로 한국에 가라고 했다.

다음 날 내가 참석해야 했던 미팅은 나에게 매우 중요했고 나는 그 미팅에 꼭 참석해야만 했었다. 양보할 수가 없는 상황이었다. 중요한 미팅은 보통 적어도 이틀 전에 미리 도착했을 것인데 그때 아마 사정이 있었던 것 같다.

내가 서 있는 곳에서 큰 유리 벽을 사이에 두고 한국행 비행기 기장들의 얼굴을 볼 수 있을 만큼 나와 비행기는 가까운 거리에 있었다. 나를 둘러싸고 있던 여러 명의 공항 관계자에게 부드러우면서 간절하게 사정을 얘기하기 시작했다. 나는 내일 그 미팅을 빠질 수 있는 상황이 아니라는 것을 여러 번 강조하고 주지시켰다.

그 와중에 문제가 하나 더 있었다. 그것은 나의 여행 가방이었는데 그것 또한 내가 타야 하는 한국행 비행기로 아직 옮겨지지 않은 상태였다. 다시 말해서 사람도 짐도 아직 비행기에 실리지 않았고 비행기는 예정된 스케줄에 따라 문을 닫은 것이다. 그 순간은 지금 생각만 해도 진땀이 날 정도로 절박했다.

나의 간절한 호소가 공항 관계자들의 마음을 움직였는지 그들은 내가 타야 했던 비행기 관계자들과 수차례 전화 통화를 하는 것 같았다. 또 이곳저곳을 뛰어다니기도 했다. 결론부터 말하자면, 그 비행기는 나 때문에 한 시간 늦게 출발하게 되었고 나와 내 짐은 무사히 그 비행기를 탈 수 있었다.

고개를 숙이고 "대단히 감사합니다(아리가또 고자이마스)."라고 360도 돌아가며 모든 공항 직원에게 배꼽인사를 했다. 그리고 한 관계자의 안내를 받아 드디어 비행기에 오를 수 있었다.

아. 나는 수년이 지난 지금도 그 일본인 여성 직원과 함께 비행기 안을 들어서는 순간을 결코 잊을 수가 없다. 비행기를 타고 있던 일이백 명의 사람들의 시선이 일제히 나를 향하고 있었다. 마치, "아. 당신이었군요! 당신 때문에 우리 비행기 이륙이 늦어진 거군요."라고 내 얼굴을 향해 모두 한목소리로 외치고 있는 표정이었다. 그때 나는 평생 처음으로 쥐구멍이라도 있으면 숨고 싶은 심정이라는 말의 뜻을 완벽히 이해했다.

그날 나는 어쩌면 이미 닫힌 비행기 문을 열려는 무리한 시도를 멈춰야 했나? 적어도 일이백 명이 탄 것으로 추정되는 비행기의 출발을 늦추면서까지 중요한 미팅에 참석해야 했나? 내가 너무 이기적이고 다른 사람들에 대한 배려심이 전혀 없었던 것은 아니었나? 150명의 승객이 그 비행기 안에 타고 있었다고 쳐도 한 시간이면 150명의 귀중한 총 150시간의 낭비가 아닌가? 지금도 그 사건은 나에게 약간의 불편한 감정과 함께 싸하고 슬픈 추억으로 가끔씩 나를 괴롭힌다.

참고로 나로 인해 비행기 출발시간이 지연되었음에도 불구하고 비행 속도를 조절한 탓인지 예상 도착시간보다 엄청 늦게 한국에 도착하지는 않았다.

그날 나는 그 비행기를 놓아주고 물 흐르듯이 흘러갔어야 한 것은 아닌가 싶다. 물론 일본 공항에 늦게 도착한 것이 내 잘못은 아니라 할지라도 그날의 흐름을 봐서는 내가 일본에 남고 그 비행기는 예정대로 정시에 이륙해야 하지 않았었나 싶다.

내가 준비한 꽃다발이 전혀 예기치 못한 사람의 손에 들리면 어떤가? 본의 아니게 비행기를 놓치는 바람에 중요한 미팅에 내가 참석을 못 한다고 세상에 종말이 올 것도 아니지 않은가? 그렇게 물 흐르듯이 흘러가는 것도 세상을 사는 지혜의 하나임을 나는 왜 가끔씩 잊어버리는가?

지금 당신의 삶은 당신이 생각하고 계획하는 방향으로 잘 흘러가고 있는가? 아니면 예기치 않은 난기류를 만난 것처럼 요동치며 생각지 못한 진로와 노선으로 인해 힘겨운 비행을 하고 있는가? 만약 그렇다면 원래 당신의 계획에는 없었으나 이제는 당신 삶의 일부가 되어 당신을 이끄는 그 새로운 물줄기를 타고 그냥 한번 흘러가 보는 것은 어떨까?

로저스는 오늘도 우리에게 열린 마음을 가지고 물 흐르듯이 삶을 경험하고 이해하고 해석하라고 조언한다. 그럼으로써 우리는 한층 더 가벼워지고 단순해진 원래의 순수한 진짜 나를 맞닥뜨리는 경이로운 경험을 할 수 있다.

참고문헌

PART 1

session 1   야동 중독에 갇힌 사랑받고 싶은 나: 인지행동치료

Beck, Judith S. 《Cognitive Behavior Therapy: Basics and Beyond (3rd ed.)》. The Guilford Press, 2020.
* '인지행동치료' 관련

session 2   불면의 밤을 별이 빛나는 밤으로: 역설적 의도

Frankl, Viktor. 《The Will To Meaning》. Meridian, 1988.

Wikipedia. <Winnie-the-Pooh>. Wikipedia, 2025. 8. (접근일 기준). https://en.wikipedia.org/wiki/Winnie-the-Pooh

session 3   인생에 정답은 없어도 내 갈 길을 가야 한다: 인본주의 심리학

Rogers, Carl R. 《Client-Centered Therapy》. The Riverside Press, 1951.
* '인간 중심 상담'과 '내담자 중심 상담' 관련

Rogers, Carl R. 《On Becoming a Person: A Therapist's View of Psychotherapy》. Houghton Mifflin Harcourt, 1961.
* '인간 중심 상담'과 '내담자 중심 상담' 관련

session 4   시간이 해결해 주는 것 맞아요 : 회복탄력성

Werner, Emmy E., Smith, Ruth S. 《Vulnerable but Invincible: A Longitudinal Study of Resilient Children and Youth》. McGraw-Hill, 1982.

session 5   우회로에 숨겨진 행복한 반전: 마인드셋

Dweck, Carol. 정명진 옮김. 《성공의 새로운 심리학》. 부글Books, 2011.

session 6   비밀은 없다는 사실에 숨겨진 비밀 : 확증 편향

Plous, Scott. 《The Psychology of Judgment and Decision Making》. McGraw-Hill Humanities Social, 1993.

* '확인 편향' 관련

김광태. <세상에 비밀은 없다, '인성 리스크'도 관리하자>. 더피알, 2019. https://www.the-pr.co.kr/news/articleView.html?idxno=42281

session 7 불안과의 조화로운 동거: 타나토스

Beck, Aaron T., Alford, Brad A. 《Depression: Causes and Treatment (2nd ed.)》. University of Pennsylvania Press, 2009.

Freud, Sigmund. 《Beyond the Pleasure Principle (The Standard Edition)》. Trans. James Strachey. Liveright Publishing Corporation, 1961.

Kingdon, David G., Turkington, Douglas. 《Cognitive-Behavioral Therapy of Schizophrenia》. Guilford Press, 1994.

session 8 다른 사람이 이겨도 내가 즐거운 이유 : 열등감 콤플렉스

Adler, Alfred. 《The Practice and Theory of Individual Psychology》. Martino Fine Books, 2011.
* '열등감 콤플렉스' 관련

Adler, Alfred. 《The Science of Living》. Routledge, 2013.

Le Nguyen, Khoa D., Lin, Jue, Algoe, Sara B., Brantley, Mary M., Kim, Sumi L., Brantley, Jeffrey, Salzberg, Sharon, Fredrickson, Barbara L. "Loving-kindness meditation slows biological aging in novices: Evidence from a 12-week randomized controlled trial." Psychoneuroendocrinology, 108, 20–27, 2019.

Seligman, Martin. 《마틴 셀리그만의 긍정심리학》. 김인자, 우문식 옮김, 물푸레, 2020.
* '긍정 심리학' 관련

session 9 성실함과 꾸준함에 날개가 달릴 때 : grit

김난도, 최지혜, 이수진, 권정윤, 한다혜 외. 《트렌드 코리아 2024: 청룡을 타고 비상하는 2024를 기원하며!》. 미래의창, 2023.

Duckworth, Angela. 《Grit: The Power of Passion and Perseverance》. Scribner, 2016.

Storr, Anthony. 《Freud: A Very Short Introduction》. Oxford University Press, 2001.

session 10 일상의 소중함을 만끽하는 자들의 이득: 사회교환이론

Homans, George C. "Social Behavior as Exchange." American Journal of Sociology, 63(6), 597–606, 1958.

Kahneman, Daniel, Tversky, Amos. "Prospect Theory: An Analysis of Decision under Risk." Econometrica, 47(2), 263–291, 1979.

최재호. <철제 통 안에서 72년간 지낸 소아마비 남성, 세상 떠나>. 동아일보, 2024. 3. 14. https://www.donga.com/news/Inter/article/all/20240314/123963626/2

PART 2

session 11 타인의 감정을 인정하기가 왜 이리 힘들까: 이성적 공감

Augburger, David. 《Pastoral Counseling Across Cultures》. Westminster John Knox Press, 1986, p. 31. table 1-2.

Bloom, Paul. 《Against Empathy: The Case for Rational Compassion》. Ecco, 2016.

session 12 가까이할수록 멀어지는 당신 : 사회적 거리

Levine, Donald N., Carter, Ellwood B., Gorman, Eleanor Miller. "Simmel's Influence on American Sociology. I." American Journal of Sociology, 81(4), 813–845, 1976.

주애진. <"퇴근 후 업무 연락은 NO"… '연결되지 않을 권리' 사회적 논의 착수>. 동아일보, 2023. 3. 14. https://www.donga.com/news/Society/article/all/20230314/118314530/1

session 13 우리와 나 사이의 줄다리기: 밴드왜건 효과

Riesman, David. 《Individualism Reconsidered》. Free Press, 1954.

Triandis, Harry. 《Individualism & Collectivism》. Westview Press, 1995.

Wikipedia. <Bandwagon effect>. Wikipedia, 2025. 8. (접근일 기준). https://en.wikipedia.org/wiki/Bandwagon_effect

session 14 좋은 것일수록 적당하고 과하지 않게: 충분히 좋은 엄마

Jacobs, Michael. 《D. W. Winnicott》. Sage Publications, 1995.
* '충분히 좋은 엄마' 관련

session 15 애착 관계를 벗어난 이들에게 열리는 문 : 건강한 경계

Bretherton, Inge. "The Origins of Attachment Theory: John Bowlby and Mary Ainsworth." In Goldberg, S., Muir, R., & Kerr, J. (Eds.), 《Attachment Theory: Social, Developmental, and Clinical Perspectives》 (pp. 45–84). Analytic Press, 1995. (Reprinted in modified form from Developmental Psychology, 28, 1992, pp. 759–775)
* '애착 이론' 관련

session 16 뼛속까지 이기적인 우리를 서로 보듬어 안기: 나르시시즘

Kohut, Heinz. 《The Analysis of the Self: A Systematic Approach to the Psychoanalytic Treatment of Narcissistic Personality Disorders》. The University of Chicago Press, 1971.

session 17 사랑한다면 융통성이 필수다 : 자기 신뢰

Festinger, Leon. 《A Theory of Cognitive Dissonance》. Stanford University Press, 1957.
* '인지 부조화' 관련

session 18 사람은 다 똑같음을 인정한다면 : 삼위일체적 인간

Kluckhohn, Clyde; Murray, Henry. 《Personality in Nature, Society and Culture》. Alfred A. Knopf, 1948.

Lartey, Emmanuel Y. 《In Living Color: An Intercultural Approach to Pastoral Care and Counseling》. Jessica Kingsley Publishers, 2003.

신혜연. <신자 손등 내려친 교황 "인내심 잃었다" 사과>. 중앙일보, 2020. 1. 2. https://www.joongang.co.kr/article/23671188

session 19 모두가 옳음을 인정할 때 열리는 마음과 귀 : 이야기 이론

Neuger, Christe Cozad. 《Counseling Women: A Narrative, Pastoral Approach》. Fortress Press, 2001.

White, Michael; Epston, David. 《Narrative Means to Therapeutic Ends》. W.W. Norton & Company, 1990.

session 20 나를 버리면 인간관계가 업그레이드된다: '넘어가기'와 '돌아오기'

《성경: 로마서》 3장 23절, 6장 23절

Augburger, David. 《Pastoral Counseling Across Cultures》. Westminster John Knox Press, 1986.
* '넘어가기'와 '돌아오기' 관련

PART 3

session 21 가면 속에 감춰진 나: 자기 초기화

Jung, Carl G., Jaffé, Aniela (Ed.). 《Memories, Dreams, Reflections》. Vintage, 1989.

윤덕노. <만두의 역사... 그 진실과 오해와 허풍>. 한국외식신문, 2021. 3. 19. https://www.kfoodtimes.com/news/articleView.html?idxno=15287

session 22 사는 것이 허무하게 느껴질 때: 실존적 공허

Frankl, Viktor. 《The Will To Meaning》. Meridian, 1988.

최동훈. <한국, 국력 순위 6위...경제·혁신·안보 G7에 상응>. 매일일보, 2023. 5. 17. https://www.m-i.kr/news/articleView.html?idxno=1014200

session 23 그래도 삶의 의미는 찾아진다: 의미 치료

Frankl, Viktor. 《Man`s Search for Meaning》. Washington Square Press, 1963, 1967.

Frankl, Viktor. 《The Will To Meaning》. Meridian, 1988.

session 24 혼자서도 잘 놀 수 있는 용기: 고독한 군중

Klemp, Nathaniel. 최윤영 옮김. 《오픈: 열린마음(Open)》. 다산북스, 2024.

LAB Book 산업동향연구소. 《2024 로봇·드론·인공지능(AI) 산업동향 및 시장실태와 전망 (II)》. LAB Book, 2024.

Riesman, David, Denney, Reuel, Glazer, Nathan. 《The Lonely Crowd: A Study of the Changing American Character》. Yale University Press, 1950.

session 25 나를 비운 뒤 건져올린 진짜 나: 자기 분리

Frankl, Viktor. 《The Will To Meaning》. Meridian, 1988.

Storr, Anthony. 《Freud: A Very Short Introduction》. Oxford University Press, 1989.

session 26 정직한 약점의 화려한 부활: 성격 유형

Myers, Briggs Isabel, Myers, Peter B. 《Gifts Differing: Understanding Personality Type》. Davies-Black Publishing, 1995 (1980).

* 'MBTI' 관련

session 27 사각지대 직면하기: 인지 부조화

Festinger, Leon. 《A Theory of Cognitive Dissonance》. Stanford University Press, 1957.

session 28 순진한 웃음 살려내기 프로젝트: 자기 보존

Allport, Gordon W. 《The Individual and His Religion》. The Macmillan Co., 1956, p. 92.

Frankl, Viktor. 《Man's Search for Meaning》. Washington Square Press, 1963, 1967.

session 29 나 없는 세상 vs 세상에 없는 나: 자기 객관화

Frankl, Viktor. 《Man's Search for Meaning》. Washington Square Press, 1963, 1967.

session 30 물 흐르듯 이 흘러가는 것의 품격 : 변화하고 흐르는 진짜 나

Rogers, Carl R. 《On Becoming a Person》. Mariner Books, 1995.

Foreign Copyright:
Joonwon Lee   Mobile: 82-10-4624-6629
Address: 3F, 127, Yanghwa-ro, Mapo-gu, Seoul, Republic of Korea
         3rd Floor
Telephone: 82-2-3142-4151
E-mail: jwlee@cyber.co.kr

감정·관계·존재를 리셋하는 심리학 안내서
가벼운 나로 살고 싶은 당신에게

2025. 9. 24. 1판 1쇄 인쇄
2025. 10. 1. 1판 1쇄 발행

지은이 | 시몬 김(Simone Kim)
펴낸이 | 이종춘
펴낸곳 | [BM] ㈜도서출판 **성안당**
주소 | 04032 서울시 마포구 양화로 127 첨단빌딩 3층(출판기획 R&D 센터)
       10881 경기도 파주시 문발로 112 파주 출판 문화도시(제작 및 물류)
전화 | 02) 3142-0036
       031) 950-6300
팩스 | 031) 955-0510
등록 | 1973. 2. 1. 제406-2005-000046호
출판사 홈페이지 | www.cyber.co.kr
ISBN | 978-89-315-8592-6 (03810)
정가 | 18,000원

이 책을 만든 사람들
책임 | 최옥현
진행 | 김지민
교정·교열 | 김지민, 김해영
본문·표지 디자인 | 임흥순
홍보 | 김계향, 임진성, 김주승, 최정민, 이해솜
국제부 | 이선민, 조혜란
마케팅 | 구본철, 차정욱, 오영일, 나진호, 강호묵
마케팅 지원 | 장상범
제작 | 김유석

이 책의 어느 부분도 저작권자나 [BM] ㈜도서출판 **성안당** 발행인의 승인 문서 없이 일부 또는 전부를 사진 복사나 디스크 복사 및 기타 정보 재생 시스템을 비롯하여 현재 알려지거나 향후 발명될 어떤 전기적, 기계적 또는 다른 수단을 통해 복사하거나 재생하거나 이용할 수 없음.

■ 도서 A/S 안내

성안당에서 발행하는 모든 도서는 저자와 출판사, 그리고 독자가 함께 만들어 나갑니다.
좋은 책을 펴내기 위해 많은 노력을 기울이고 있습니다. 혹시라도 내용상의 오류나 오탈자 등이 발견되면 **"좋은 책은 나라의 보배"** 로서 우리 모두가 함께 만들어 간다는 마음으로 연락주시기 바랍니다. 수정 보완하여 더 나은 책이 되도록 최선을 다하겠습니다.
성안당은 늘 독자 여러분들의 소중한 의견을 기다리고 있습니다. 좋은 의견을 보내주시는 분께는 성안당 쇼핑몰의 포인트(3,000포인트)를 적립해 드립니다.
잘못 만들어진 책이나 부록 등이 파손된 경우에는 교환해 드립니다.